3行レシピでつくる
デパ地下サラダ

杵島直美

青春出版社

デパ地下のあの「デリサラダ」が作れます！

さまざまな食料品が並ぶデパ地下は、見てまわるだけでも楽しいもの。なかでも、バラエティに富んだおそうざいを見ていると、ついあれもこれも買いたくなってしまいます。とくにヘルシーでカラフルなデリサラダは、女性にも男性にも大人気です。

もしも、こんなおしゃれでおいしいデリサラダが、うちでも簡単に作れたら……。そんな思いから誕生したのが本書です。

旬の野菜を使った季節限定のサラダから、雑穀米や切り干し大根などの和素材を使ったサラダ、肉や魚介をメインにしたボリューム満点のサラダなど、約90種類を用意しました。もちろん、ピクルスやマリネをはじめとした、人気かつ定番のデリサラダも勢ぞろい。レシピはどれもたったの3行です。

作り方も、扱う素材も、味つけも至ってシンプルですが、想像以上のおいしさに誰もがきっと驚くはず。彩り豊かなデリサラダがあるだけで、食卓はぱっと花が咲いたように明るくなるでしょう。

季節野菜のデリサラダ

菜の花とほたてのサラダ 16
たけのことうどとわかめのサラダ 18
新玉ねぎとトマトのサラダ 20
新じゃがとオリーブのシャキシャキサラダ 22
そら豆とゆで卵のサラダ 24
夏野菜の焼きサラダ 26
ゴーヤーの梅サラダ 28
さつまいものゴロゴロサラダ 30
きのこと根菜のサラダ 32
芽きゃべつと小玉ねぎの温サラダ 34

たたきごぼうとほうれん草のサラダ 36
ゆず大根のピリ辛サラダ 38
白菜とみかんのサラダ 40

人気の定番デリサラダ

ラタトゥイユ 44
ロールキャベツきゃべつ 46
ほうれん草のキッシュ 48
トマトとモッツァレラのイタリアンサラダ 50
せん切りにんじんとレモンのサラダ 52
きゅうりのヨーグルトサラダ 54
彩り野菜のコールスロー 56
サラダほうれん草のシーザーサラダ 58

ミックスビーンズのサラダ 60
えびとブロッコリーのマヨサラダ 62
大根と水菜のじゃこサラダ 64
きゃべつとサーモンのミルフィーユ 66

切ってあえるだけの簡単デリ

クレソンとマッシュルームのサラダ 70
フルーツトマトのカップサラダ 72
オニオンスライスと生ハムのサラダ 74
ホワイトアスパラとほたてのレモンサラダ 76
きゅうりと大根のしそ巻きスティックサラダ 78
たことセロリのマリネ 80
かにとグレープフルーツのサラダ 82

アボカドとハムとオリーブのサラダ 84
さけフレークとスプラウトのサラダ 86
ルッコラとサラミのサラダ 88
海藻ミックスとたこのサラダ 90
大根と三つ葉のゆずサラダ 92
薬味いっぱいの豆腐サラダ 94

和素材がうれしいデリサラダ

豆と豆腐のヘルシーサラダ 98
ゆで大豆と赤玉ねぎのサラダ 100
ひじきとせん切りじゃがいものサラダ 102
切り干し大根のごまマヨサラダ 104
アスパラガスの白あえサラダ 106

おくらと長いものわさびサラダ 108
シャキシャキれんこんサラダ 110
春菊と桜えびのエスニックサラダ 112
せりとカリカリ油揚げのごまサラダ 114
みょうがと大根の甘酢サラダ 116
雑穀米のライスサラダ 118

作りおきできる便利デリ

きのこのマリネ 122
ドライトマトとオリーブのマリネ 124
揚げなすのハーブマリネ 126
3色パプリカのはちみつマリネ 128
プチトマトのバルサミコマリネ 130

かぶとプチトマトのマリネ　132
彩り野菜のピクルス　134
ズッキーニとカリフラワーのカレーマリネ　136
かぼちゃといんげんのガーリックマリネ　138
なすのトマト煮　140

ボリューム満点のおかずデリ

なすのグラタン　144
トマトのファルシのオーブン焼き　146
具だくさんのベークドポテト　148
サラダほうれん草とローストビーフのサラダ　150
たっぷり野菜のバンバンジー　152
えびと春雨のエスニックサラダ　154

根菜と鶏肉の黒酢サラダ　156
ひらひらきゅうりと鰻の山椒サラダ　158
スナップエンドウとツナのサラダ　160
いんげんとさつま揚げのサラダ　162
なすと鶏肉のみぞれあえ　164
えびとトマトとアボカドのレモンマヨサラダ　166

アイデアいっぱいの新顔デリ

春のポテトサラダ　170
ふりかけ粉ふきいも　172
かぼちゃと甘栗のきんとんサラダ　174
そら豆のワインサラダ　176
セロリの昆布茶サラダ　178

きゅうりとなすとみょうがの柴漬け風サラダ 180
せん切り白菜とパプリカのサラダ 182
長いもととんぶりのサラダ 184
香菜と玉ねぎのベトナム風サラダ 186
ヤングコーンとアスパラのタイ風サラダ 188
サニーレタスとさきいかの韓国風サラダ 190

レンジで作る楽ちんデリ

ゴロゴロじゃがいもとケッパーのサラダ 194
ブロッコリーとほたての中華レンジ蒸し 196
水菜と厚揚げのゆずこしょうサラダ 198
小松菜とささみとしいたけの塩サラダ 200
なすのグレープフルーツサラダ 202

ガーリック風味のなすの冷製サラダ　204
かぼちゃとレーズンのマヨサラダ　206
きゃべつとコーンのカレーサラダ　208
もやしとチャーシューのピリ辛サラダ　210

《作ってみよう！》
基本のドレッシング３種　42
人気のドレッシング３種　68
基本のマヨネーズ　96
サラダのトッピング　120
手作りドレッシングはお酢が決め手　142

《旬の野菜と選び方》
春・夏　168　秋・冬　192

カバーイラスト 松本よしえ
本文イラスト 竹口睦郁
デザイン・ＤＴＰ ティープロセス
レシピ作成協力 杵島隆太
編集協力 佐藤美智代

本書をお使いいただく前に

＊材料は１人分です。

＊各材料の分量でとくに明記されていないものについては、好みで調整してください。

＊１カップ＝２００cc、大さじ１＝15cc、小さじ１＝５ccとなっています。

＊小さじ$\frac{1}{4}$未満の調味料は「少々」としました。

＊電子レンジとオーブントースターの使用時間はあくまでも目安です。お使いの機種に合わせて調整してください。

＊野菜、肉、魚介の切り方や下処理など、調理に役立つ情報を「料理お役立ちインデックス」として巻末にまとめましたので参考にしてください。

季節野菜のデリサラダ

大地の息吹を感じる春野菜、
太陽をたっぷり浴びた夏野菜……、
旬ならではのおいしさが
存分に味わえます。

菜の花とほたてのサラダ

菜の花のほろ苦さを堪能する春のサラダ

①菜の花1/2束（100g）は塩ゆでし、根元を切り落としてざく切りにする。

②ほたて（刺身用）2コは、食べやすい大きさのそぎ切りにする。

③フレンチドレッシング大さじ3で①と②をあえる。

ほたてが甘い
春の香りが口いっぱいに

アレンジ

菜の花の代わりに春菊やうど、ふきでもおいしい。うどは皮をむいて食べやすい大きさに切り、酢水に10分ほどさらす。ふきは筋を取ってさっと塩ゆでしてから、食べやすい大きさに切る。

ここはこうする!

「そぎ切り」

包丁を寝かせてそぐように切る。

たけのことうどとわかめのサラダ

さわやかな春の息吹を感じさせる洋風のぬた

① ゆでたけのこの穂先50gはくし形切り、山うど1/2本は4センチ長さの短冊切り、わかめ少々は水で戻して水気をきってざく切りにする。

② 赤みそ大さじ1と砂糖小さじ2をよく混ぜ、フレンチドレッシング大さじ2を加えて混ぜ合わせる。

③ ①を②であえる。

うどがシャキシャキッ!
新たけのこが柔らか

アレンジ

えび、たこ、いか、ほたて、あおやぎなどの魚介類を一緒にあえてもおいしい。いずれも、生の場合はさっとゆでてから。わかめの代わりに、ゆでてざく切りにしたほうれん草もおいしい。

もうひと手間

たけのこも自分でゆでればよりおいしい。先端を斜めに切り落とし、切り口から縦に１本切り込みを入れる。皮はむかずに米のとぎ汁、または米ぬかを入れた湯で１時間ほどゆで、そのまま冷ます。

新玉ねぎとトマトのサラダ

みずみずしい玉ねぎをポン酢しょう油でさっぱりと

①新玉ねぎ1/4コは薄切りにする。

②湯むきしたトマト1/2コはくし形に切る。

③ポン酢しょう油大さじ2で①と②をあえる。

新玉ねぎの甘味がやみつきに!
七味唐辛子をふれば酒の肴にもぴったり

もうひと手間

ポン酢しょう油は市販品でもよいが、自分で作ればいっそう風味が増す。作り方は、だし汁、酢、しょう油各小さじ2とレモン汁、砂糖各小さじ½を合わせるだけ。だし汁の代わりに水でもOK。

ここはこうする!

「トマトの湯むき」

十字に切れ目を入れて熱湯に。めくれた皮をむく。

新じゃがとオリーブのシャキシャキサラダ

じゃがいもをさっとゆでて、食感を楽しみます

① 新じゃがいも1コは皮をざっとむいてせん切りにし、塩少々を加えた湯でかためにゆでて冷ます。

② スタッフドオリーブ2コは、薄い輪切りにする。

③ レモン汁小さじ1、オリーブ油大さじ1、塩、粗びきこしょう各少々をよく混ぜ合わせ、①と②をあえる。

粗びきこしょうがピリリ

アレンジ

赤や黄などのパプリカをせん切りにして、じゃがいもと一緒にゆでてあえると彩りもきれい。赤ピーマンなどを詰めたオリーブをスタッフドオリーブというが、なければ普通のオリーブで。

ここはこうする!

新じゃがいもの皮は柔らかいので、たわしなどでこする程度にむけばよい。ゆでる時間の目安は20～30秒ほど。透きとおってきたらざるにあげて、そのまま冷ます。

そら豆とゆで卵のサラダ

翡翠《ひすい》色が目にも鮮やかな初夏のひと皿

① そら豆4本はさやから実を取り出し、1分30秒ほど塩ゆでして冷まし、皮をむく。

② かたゆで卵はくし形に切る。

③ フレンチドレッシングとマヨネーズ各大さじ1を混ぜ合わせ、①と②をあえる。

マヨネーズドレッシングがクリーミー
そら豆がホクホク

アレンジ

じゃがいも、またはかぼちゃを角切りにして、柔らかくゆでて混ぜ合わせればボリュームもアップ。水気をよくきらないと水っぽくなるので注意。電子レンジで柔らかくなるまで加熱してもよい。

ここはこうする!

そら豆は塩ゆでしたらざるなどにあげ、粗熱がとれてから皮をむく。ゆで卵を作るときは、鍋に卵とかぶるくらいの水を入れて中火にかけ、沸騰したら弱めの中火で10～12分ゆでる。

夏野菜の焼きサラダ

野菜のおいしさが凝縮！　アンチョビソースのホットサラダ

① 湯むきしたトマト1/2コはくし形切り、ズッキーニ1/2本は4つ割りにして半分の長さに切る。

② フライパンにオリーブ油大さじ1、にんにくのみじん切り1/2カケ分、アンチョビ（フィレ）1枚を入れて弱火にかけ、にんにくの香りが立つまで炒める。

③ ②に①を加え、4～5分炒める。

にんにくが香ばしい
トロッとしたトマトがうまい！

アレンジ

アンチョビのフィレがなければペーストでもよい。小さじ１を目安に。なすやきゅうり、おくらを食べやすい大きさに切って一緒に炒めれば、夏野菜満載のサラダに。

ここはこうする！

フライパンは最初にあたためておく必要はなく、オリーブ油、にんにく、アンチョビを入れてから火をつける。にんにくは焦げやすいので火加減に注意し、菜ばしなどでよくかき混ぜながら炒めて。

ゴーヤーの梅サラダ

ゴーヤーの苦みとドレッシングのまろやかな酸味がやみつきに

① ゴーヤー1/2本（100g）は縦に半分に切って、種とわたをスプーンでくり抜き、薄い半月切りにする。

② 梅干し1コは種を取り除いてなめらかになるまで包丁でたたき、砂糖小さじ1とフレンチドレッシング大さじ1を加えてよく混ぜる。

③ ①を②であえる。

アレンジ

和風ドレッシングに削りかつお３ｇを加えたものでゴーヤーをあえてもおいしい。砂糖大さじ½、酢大さじ１½、塩少々を混ぜ合わせた甘酢もゴーヤーとよく合う。

ここはこうする!

「ゴーヤーの半月切り」

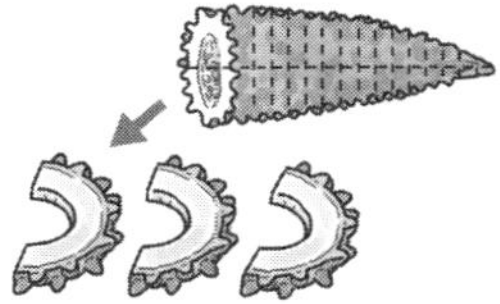

さつまいものゴロゴロサラダ

ひとつの素材でふたつの味わい。ちょっとお得なサラダです

①さつまいも1/2本（120g）は皮をむいて1・5センチ角に切り、ゆでて水気をきって2/3量はつぶす。

②つぶしたさつまいもに塩こしょう少々、牛乳大さじ2、マヨネーズ大さじ1を加えてよく混ぜる。

③②に①で残しておいた角切りのさつまいもを加えて、さっくりと混ぜ合わせる。

ホクホクでクリーミー

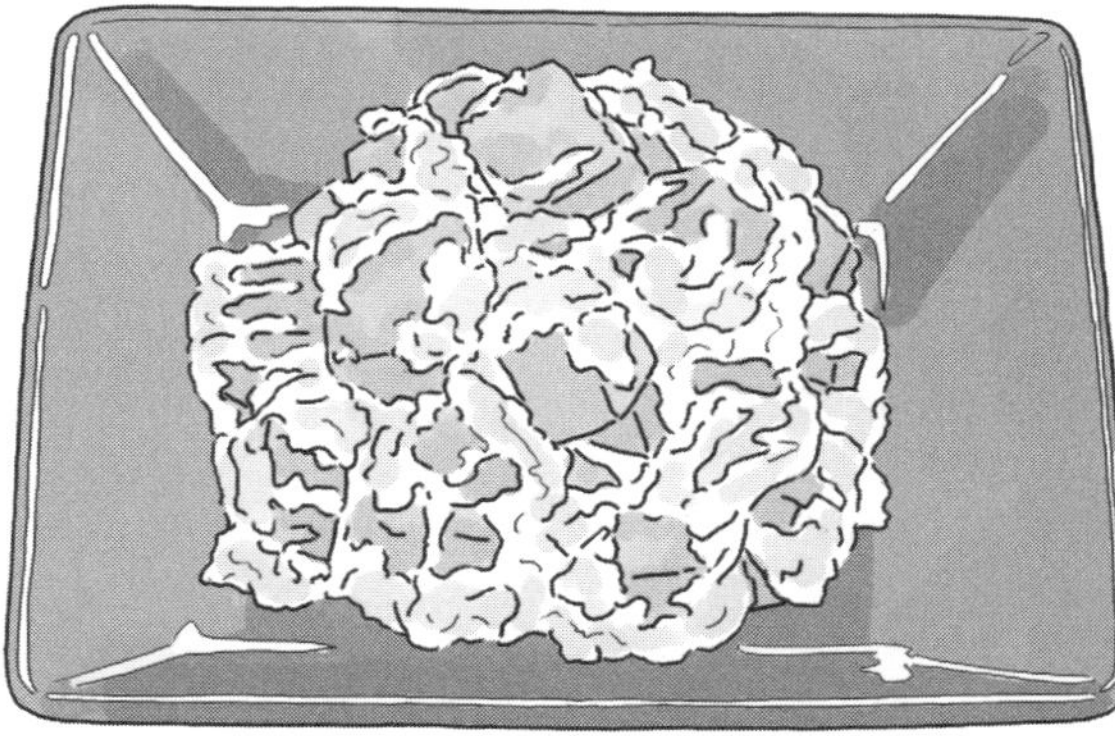

粗びきこしょうをふっても美味

アレンジ

干しぶどうを散らしたり、シナモンをふればデザート風サラダに。さつまいもの代わりに、じゃがいもやかぼちゃでもおいしい。ゆでずに電子レンジで柔らかくなるまで加熱してもよい。

ここはこうする!

さつまいもは、角切りにしたあと水にさっとさらして余分なでんぷんとアクを取り除くといっそうおいしい仕上がりに。熱湯に入れて3〜4分ゆでたら、熱いうちにスプーンなどでつぶす。

きのこと根菜のサラダ

食感の違いを楽しむ、ごまドレッシングあえ

① 生しいたけ2枚は石づきを取って4つ割りにし、しめじ$\frac{1}{2}$パック（50g）は石づきを取って食べやすい大きさにほぐす。れんこん$\frac{1}{4}$節（50g）は皮をむいて3ミリ厚さの半月切りにする。

② 酢大さじ1を加えた熱湯で①を1分ゆで、ゆで汁をよくきる。

③ ごまドレッシング大さじ3で②をあえる。

一味唐辛子をふったピリ辛もうまい！

アレンジ

マッシュルームを加えてもおいしい。ごまドレッシングの代わりにフレンチドレッシング大さじ2と粒マスタード大さじ1を合わせたマスタードドレッシングであえれば、さっぱり味のサラダに。

ここはこうする！

れんこんの皮はピーラーでむけば簡単。れんこんの細い部分を使用するときは輪切りに、太い部分であれば、半月切りにしたあと、さらに半分に切って使用する。

芽きゃべつと小玉ねぎの温サラダ

丸ごとスープで煮て、見た目もキュート

① 芽きゃべつ4コは根元に十字に切り込みを入れ、小玉ねぎ3コは皮をむく。

② 鍋に熱湯1と1/2カップ、固形ブイヨン1コ、小玉ねぎを加えて中火にかける。

③ 10分たったら②に芽きゃべつを加えてさらに5分煮て、冷ましながら味を含ませる。

コロンとしてかわいい
あたため直してもおいしい

アレンジ

芽きゃべつ、小玉ねぎは普通のきゃべつと玉ねぎでもよい。スープの量を増やし、ブロッコリーやカリフラワーを小房にわけて加えれば、野菜たっぷりの食べるスープに。

ここはこうする!

芽きゃべつは、根元に切り込みを入れると火のとおりが早くなり、葉と根元の部分に均等に火が入る。選ぶときは実がかたくしまっているものを。

たたきごぼうとほうれん草のサラダ

食物繊維がたっぷりの、おなかにもやさしい一品

① ごぼう15センチは2分ほどゆで、たたいてひびを入れて半分の長さに切り、4つ割りにする。ほうれん草$\frac{1}{4}$束（50g）はかためにゆでて、ざく切りにする。

② 粒マスタード大さじ1、マヨネーズ大さじ2、しょう油小さじ1を混ぜる。

③ ①を②であえる。

ごぼうの歯ごたえがごちそう
粒マスタードがアクセント

アレンジ

ごぼうの代わりにれんこんでもおいしい。れんこんは半月切りにしてさっとゆでて使う。また、ほうれん草の代わりに、しいたけやしめじなどのきのこ類をゆでて使ってもよい。

ここはこうする!

ごぼうにひびを入れるときは、すりこ木やびんなどを使うと便利。ほうれん草をゆでるときは、根元のかたいほうから鍋に入れ、しばらくしてから葉全体を入れると均一に火がとおる。

ゆず大根のピリ辛サラダ

ゆずのさわやかな風味がいっぱい。冬限定の味です

① 大根4センチ（100g）は短冊切りにする。ゆず1/4コの皮はせん切りにする。

② ゆずのしぼり汁大さじ1、みりん、薄口しょう油各大さじ1/2を混ぜ合わせる。

③ ①を②であえ、一味唐辛子をふる。

ゆずの黄色が鮮やか
はし休めにも最適！

アレンジ

大根の代わりに、細切りにした白菜やかぶでもおいしい。ゆずがなければ、レモンやライムなどのしぼり汁を使ったり、またポン酢を使ってもよい。

ここはこうする！

ゆずの皮は、表面を薄くそぐようにして切る。余った皮は、せん切りにしてラップに包んで冷凍庫へ。しぼり汁は製氷皿に入れて冷凍しておく。皮は鍋物、しぼり汁は酢の物などに使える。

白菜とみかんのサラダ

みかんの甘酸っぱさがあとをひくおいしさです

① 白菜1枚は軸と葉にわけ、軸は6〜7センチ長さの薄切りに、葉はせん切りにする。

② みかん1コは果肉を取り出す。

③ フレンチドレッシング大さじ3で①と②あえる。

白菜がシャッキリ!
ひんやり冷たくしてもおいしい

アレンジ

みかんの代わりに、オレンジやネーブル、夏みかん、グレープフルーツなど、ほかの柑橘系果物もよく合う。½コは果肉を取り出し、残りはしぼってドレッシングに加えても美味。

ここはこうする!

「白菜の切り方」

軸は繊維に沿って、葉は繊維を断ち切るように切ると食感がよい。

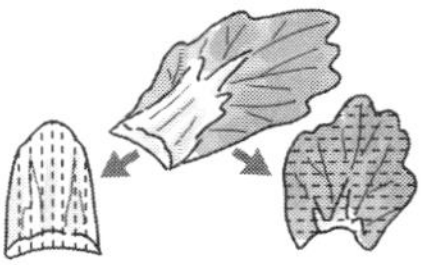

作って
みよう！

基本のドレッシング3種

本書で使用するドレッシングは、「フレンチ」「和風」「ごま」の3種類が基本です。市販のドレッシングを使用してもかまいませんが、手作りすればおいしさも格別。そのつど作るのがおすすめです。

【フレンチドレッシング】

酢大さじ1、塩小さじ1/4、こしょう少々を混ぜ、サラダ油大さじ2を少しずつ加えながら、よく混ぜ合わせる。

【和風ドレッシング】

しょう油と酢各大さじ1を混ぜ、サラダ油大さじ1を少しずつ加えながら、よく混ぜ合わせる。

【ごまドレッシング】

フレンチドレッシング大さじ1に、マヨネーズ、すりごま各大さじ1、しょう油小さじ1を加えて、よく混ぜ合わせる。

＊フレンチドレッシングや和風ドレッシングに、玉ねぎのすりおろしを加えても美味。

人気の定番
デリサラダ

デパ地下はもちろん、
カフェやレストランでもおなじみの
人気の顔ぶれがそろいました。
おいしさは保証済みです。

ラタトゥイユ

南フランス発、夏野菜の炒め煮です

① なす$\frac{1}{2}$本とズッキーニ$\frac{1}{3}$本は7～8ミリ厚さの輪切り、トマト$\frac{1}{2}$コはざく切り、玉ねぎ$\frac{1}{4}$コとにんにく$\frac{1}{2}$カケはみじん切りにする。

② フライパンにオリーブ油大さじ1、玉ねぎ、にんにくを入れて弱火にかけ、にんにくの香りが立つまで炒める。

③ ②になす、ズッキーニ、トマトを加え、塩小さじ$\frac{1}{2}$をふって炒め合わせ、ふたをして弱火で10分ほど火をとおす。

野菜のうまみがギュッ!
ワインにぴったり

アレンジ

7～8ミリ厚さに切ったバゲットにのせればオードブルにもぴったり。パスタとあえてもおいしい。あたたかいままでも、冷たく冷やしても美味。冷蔵庫に入れるときは粗熱がとれてから。

ここはこうする!

トマトは種を取り除くと食感がよくなる。野菜を炒めるときは、焦げつかないようにときどきヘラなどでかき混ぜて。ふたをすると、早く火がとおって、しっとりと仕上がる。

ロールキャベツきゃべつ

きゃべつをきゃべつで巻いたアイデアレシピ

①きゃべつ2枚はゆでて葉と芯にわけ、芯は細切りにする。
②きゃべつの葉を広げ、芯をきゃべつで包む。
③鍋に②の巻き終わりを下にしておき、熱湯1カップと固形ブイヨン1コを加えて中火で10分煮る。こしょう少々で味をととのえ、トマトの角切りを散らす。

葉と芯の異なる食感がおいしい
スープがあっさり

アレンジ

せん切りにしたにんじんを芯と一緒に巻いてもおいしい。白菜をゆでて葉と芯にわけ、芯を細切りにして葉で巻いて煮ればロール白菜に。白菜の場合は、鶏がらスープで煮ると美味。

ここはこうする!

きゃべつの葉を広げたら、細切りにした芯を横にして、真ん中よりもやや手前にのせ、両端をたたんでくるくると向こう側に巻いていく。

ほうれん草のキッシュ

パイ生地いらずの即席キッシュです

① ほうれん草1/3束（80g）はゆでて冷水にとり、水気をしぼってざく切りにする。

② 耐熱容器に卵1/2コ、牛乳1/4カップ、粉チーズ大さじ1、コーヒー用クリーム1コ（小さじ1）、塩こしょう少々を混ぜ合わせる。

③ ②にほうれん草を混ぜ合わせ、オーブントースターで12分焼く。

しっとり感がたまらない
焼き立てをどうぞ

アレンジ

粉チーズの代わりに溶けるチーズをのせたり、コーヒー用クリームの代わりに生クリームを使ってもよい。炒めたベーコンやハム、マッシュルームやしめじを加えて焼けばさらにおいしい。

もうひと手間

冷凍のパイ生地を耐熱容器にしき、ゆでたほうれん草とほかの材料を混ぜ合わせたものをのせて30～40分オーブントースターで焼けば、本格キッシュに。

トマトとモッツァレラのイタリアンサラダ

赤、白、緑の3色が印象的な、おなじみのカプレーゼ

①湯むきしたトマト$\frac{1}{2}$コはくし形に切って種を取り除き、横半分に切る。バジル2～3枚は適当にちぎる。

②モッツァレラチーズ50gはトマトの大きさに合わせて切る。

③塩こしょう少々とオリーブ油大さじ1を混ぜ、①と②をあえる。

モッツァレラチーズがもっちり!
前菜にも大活躍

アレンジ

普通のトマトの代わりにプチトマトでも。湯むきして半分に切り、モッツァレラチーズも小さめに切る。湯むきが面倒だったらそのままでもいい。種も取ったほうが食感はよくなる。

ここはこうする!

モッツァレラチーズは日がたつとかたくなるので、余ったらできるだけ早く使いきること。薄く切ってグラタンやピザ、ピザトーストに使ったり、パスタに合わせるなど、加熱してもおいしい。

せん切りにんじんとレモンのサラダ

レモンの酸味がにんじんの甘さを際立たせます

①にんじん4センチ（80ｇ）はせん切りにする。
②レモン$\frac{1}{4}$コは皮をむいていちょう切りにする。
③フレンチドレッシング大さじ3で①と②をあえる。

レモンがさわやか

にんじんがたっぷり食べられる!

アレンジ

にんじんのせん切りに塩少々をふり、しんなりしたら水気をしぼってはちみつドレッシングであえても美味。はちみつドレッシングはフレンチドレッシング大さじ2にはちみつ小さじ1を合わせる。

ここはこうする!

「いちょう切り」

きゅうりのヨーグルトサラダ

ヨーグルトがさわやかな、デザート感覚のサラダです

① きゅうり$\frac{2}{3}$本は皮を縞目にむいて7～8ミリ厚さの輪切りにし、塩小さじ$\frac{1}{4}$をふって5分ほどおき、水気をきる。

② ヨーグルト（プレーン）30gに、はちみつとレモンのしぼり汁各小さじ1を混ぜ合わせる。

③ ①を②であえる。

きゅうりがカリッ! コリッ!

アレンジ

きゅうりの代わりにキウイ、バナナ、いちごなどフルーツをあえれば朝食にもぴったり。はちみつの代わりにマヨネーズ大さじ１を加えると、甘味がおさえられ、また違った味わいが楽しめる。

ここはこうする!

きゅうりは必ず塩をふってから調理すること。そうしないときゅうりから水分が出て、ヨーグルトが薄まりおいしく仕上がらない。水気はしっかりときって。

彩り野菜のコールスロー

つけ合わせにも大活躍する、細切り野菜のサラダ

①きゃべつ$\frac{1}{2}$枚、きゅうりとセロリ各4センチ、黄パプリカとにんじん各少々は細切りにする。

②フレンチドレッシング大さじ3で①をあえ、20分ほどおく。

③②の汁気を軽くきって盛りつける。

野菜がもりもり食べられる
レモン汁をふればさらにさっぱり

アレンジ

汁気を軽くきり、マヨネーズであえてサンドイッチの具にしてもおいしい。本来、コールスローはきゃべつをメインに作るものだが、玉ねぎ、ピーマン、大根、白菜、かぶなどで作っても美味。

ここはこうする！

ドレッシングであえたあと、冷蔵庫でひと晩ほどおくと味がよくなじんで、いっそうおいしくなる。冷蔵庫に入れておけば２～３日はもつので、一度にたくさん作っておくと便利。

サラダほうれん草のシーザーサラダ

どんな野菜にも合うシーザードレッシングで仕上げます

①アンチョビ（フィレ）$\frac{1}{2}$枚のみじん切り、卵黄$\frac{1}{2}$コ、フレンチドレッシング大さじ2　粉チーズ大さじ1、にんにくのすりおろし少々を混ぜ合わせ、シーザードレッシングを作る。

②サラダほうれん草$\frac{1}{2}$束（１００ｇ）とクレソン少々はざく切りにする。

③②を①であえ、クルトンを散らす。

クリーミーなドレッシングがおいしい
クルトンの量はお好みで

アレンジ

サラダほうれん草の代わりにレタスやサラダ菜でもおいしい。また、きゃべつ、レタス、サラダ菜、玉ねぎ、トマトなどを適当に切って盛り合わせ、シーザードレッシングをかけてもよい。

ここはこうする!

アンチョビのフィレがなければペースト小さじ½でもいい。卵黄は日もちしないので、残った卵黄と白身を混ぜ合わせてスープに溶き混ぜるなどして、その日のうちに使い切って。

ミックスビーンズのサラダ

あっという間に完成、缶詰を使った簡単レシピ

① フレンチドレッシング大さじ3にミックスハーブ小さじ1/2を混ぜ合わせる。

② ミックスビーンズ（ドライ缶）１２０gを①に加える。

③ ②をよく混ぜ合わせる。

ワインのおつまみにも最適！

アレンジ

ハムやゆでたソーセージを、食べやすい大きさに切って加えてもおいしい。いつものグリーンサラダに、ミックスビーンズのサラダを合わせればボリュームも満点。

ここはこうする！

ミックスビーンズは水煮缶を使ってもよい。ビーンズが余ったら、ベーコンとあり合わせの野菜を適当に切って一緒に炒め、固形ブイヨン１コと熱湯１カップを加えて煮ればおいしいスープに。

えびとブロッコリーのマヨサラダ

デパ地下で大人気。食べごたえも十分です

① えび6尾は殻をむいて背わたを取り、さっとゆでる。

② ブロッコリー1/4株（80g）は小房に分けて、かたゆでにする。

③ フレンチドレッシング大さじ1とマヨネーズ大さじ2を混ぜ合わせ、①と②をあえる。

えびがプリプリッ!
見た目も鮮やか

もうひと手間

ブロッコリーの茎を加えれば、つぼみの部分とはまた異なった食感が楽しめる。茎は根元を切り落としてから厚めに皮をむき、短冊切りにしてゆでる。えびの代わりに生のほたてもおいしい。

ここはこうする!

「えびの背わたの取り方」

えびを丸めてもち、出っ張った部分に竹串を刺して引き抜く。

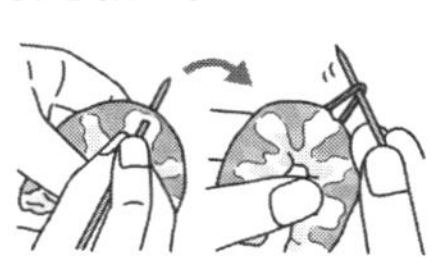

大根と水菜のじゃこサラダ

香ばしく炒めたじゃこがおいしさの決め手

①大根4センチ（100g）は細切りにし、水菜少々はざく切りにする。

②和風ドレッシング大さじ3で①をあえて皿に盛る。

③ちりめんじゃこ大さじ1をごま油小さじ1でカリッとするまで炒め、熱いうちに油ごと②にかける。

じゃことごま油の香りが食欲をそそる!

アレンジ

大根と水菜の代わりにちぎったレタス、薄切りにした玉ねぎ、細切りにしたきゅうりやセロリを使ってもおいしい。冷奴に細切りにしたねぎをのせ、上から炒めたちりめんじゃこをかけても美味。

ここはこうする!

ちりめんじゃこが余ったら、油をひかずに煎って、密閉容器に入れて冷蔵庫で保存すれば1カ月はもつ。サラダのトッピングをはじめ、お茶漬けやおにぎりの具などに活用できる。

きゃべつとサーモンのミルフィーユ

オードブルにもぴったり、見た目も美しいサラダです

①きゃべつ1枚はゆでて冷まし、芯を取り除き、ほぼ正方形になるように端を切って4切れにわける。

②①のきゃべつ2切れを重ね、上にスモークサーモン2枚を重ならないように並べ、輪切りにしたケッパーを散らして残りのきゃべつ2切れを重ねる。

③②を半分に切って上下に重ねて塩少々をふり、ラップに包んで10分ほどおいて味をなじませる。

お好みでレモン汁をふって
スモークサーモンが しっとり

アレンジ

スモークサーモンの代わりに生ハム、きゃべつの代わりに大根を使ってもおいしい。大根は、縦に薄切りにして塩をふり、しんなりしたら水気をふき取ってスモークサーモンと重ねる。

ここはこうする!

「きゃべつとスモークサーモンの重ね方」

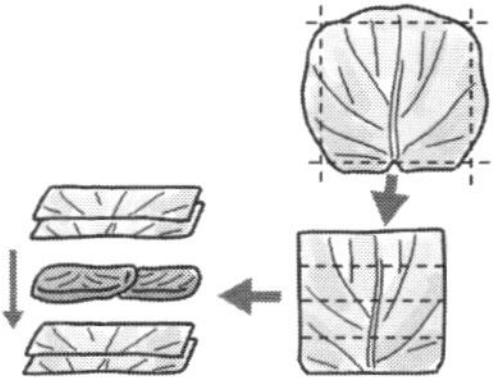

作ってみよう！

人気のドレッシング3種

ここでは、どんなサラダにもよく合う人気のドレッシング3種の作り方を紹介します。調味料の分量はお好みによって調整してください。

【イタリアンドレッシング】

酢大さじ1、塩小さじ1/4、こしょう少々を混ぜ、サラダ油大さじ2とオリーブ油小さじ1を少しずつ加えながら、よく混ぜ合わせる。レモン汁小さじ1/2、バジルまたはパセリのみじん切りを加えて混ぜる。

＊バジルやパセリの代わりにミックスハーブ（ドライ）を使ってもよい。

【中華ドレッシング】

酢、しょう油、ごま油各大さじ1を混ぜ合わせ、白煎りごま少々を加えて混ぜる。

＊お好みで、にんにくのすりおろしやラー油、または砂糖を加えて。

【サウザンアイランドドレッシング】

マヨネーズ大さじ3、ケチャップ大さじ1、レモン汁小さじ1を混ぜ合わせ、きゅうりのピクルス、玉ねぎ、セロリ、パセリのみじん切り各少々を加えて混ぜる。

＊チリソースを加えても美味。フライとも相性抜群。

切って
あえるだけの
簡単デリ

作り方は至ってシンプル。
もう一品ほしいときにも便利です。
お好みで素材やドレッシングを変えてみるのも
楽しいですね。

クレソンとマッシュルームのサラダ

クレソンのほのかな苦味がやみつきに

① クレソン$\frac{1}{2}$束はざく切りにする。

② マッシュルーム2コは薄切りにしてレモン汁少々をからめる。

③ フレンチドレッシング大さじ2と粒マスタード大さじ$\frac{1}{2}$を混ぜ合わせ、①と②をあえる。

粒マスタードがピリッとアクセント

アレンジ

粒マスタードの代わりに、フレンチマスタードを使えばまろやかな味に。フレンチドレッシング大さじ2とマヨネーズ大さじ½を混ぜ合わせた、マヨネーズドレッシングであえてもおいしい。

ここはこうする!

マッシュルームにレモン汁をからめるのは、切り口が空気に触れて黒くなるのを防ぐため。水気をふき取る必要はない。クレソンは茎がかたければ葉だけ使用して。茎は炒め物に利用できる。

フルーツトマトのカップサラダ

トマトを器代わりにして、チーズをたっぷり詰めました

①カッテージチーズ大さじ3、オリーブ油大さじ1、塩少々をよく混ぜ合わせる。

②フルーツトマト3コはへたの下1センチほどのところと、底の部分少々を切り落とし、湯むきして中をくり抜く。

③②に①を詰める。

フルーティなトマトがチーズと相性抜群！

アレンジ

トマトは普通のトマトでもかまわない。ミニトマトを使えば、見た目もかわいらしいサラダに。いずれも湯むきして。刻んだパセリやバジルをのせれば彩りもきれい。

ここはこうする！

トマトの底は、盛りつけたときにぐらつかないようにするために切るので数ミリ程度でよい。中身は$\frac{1}{3}$の深さまでペティナイフなどの先を使ってくり抜く。なければスプーンでも。

オニオンスライスと生ハムのサラダ

シャキシャキ玉ねぎと生ハムの黄金コンビ

① 玉ねぎ$\frac{1}{4}$コは薄切りにして水にさらし、水気をきる。

② 生ハム4枚は4つ割りにする。

③ フレンチドレッシング大さじ3で①と②をあえる。

アレンジ

生ハムをスモークサーモンに変えてもおいしい。皮をむいていちょう切りにしたレモンを散らせば、さらに見ばえもよくなる。チャーシューや普通のハムを細切りにして玉ねぎとあえてもいい。

ここはこうする!

玉ねぎを水にさらすのは、余分な辛味を取り除くため。ただし、さらしすぎると栄養分が抜け出てしまうので、さっとでよい。新玉ねぎの場合は、とくに水にさらす必要はない。

ホワイトアスパラとほたてのレモンサラダ

缶詰を使うからささっと簡単、涼しげな白いサラダです

① ホワイトアスパラガス4本（缶詰）は3～4センチ幅に切り、レモン$\frac{1}{4}$コは皮をむいて、いちょう切りにする。

② ほたて2コ（缶詰）はほぐす。

③ オリーブ油大さじ2と塩少々を混ぜ合わせ、①と②をあえる。

ほたてのうまみが口いっぱいに

マヨネーズを混ぜてもおいしい

アレンジ

ホワイトアスパラガスの代わりに、ゆでてぶつ切りにしたグリーンアスパラガスやさやいんげんも、ほたてとよく合う。ゆでたあと、水気はよくふき取ること。

もうひと手間

ほたての缶詰の汁を少々、オリーブ油と塩に混ぜるとほたてのうまみが加わってさらにおいしくなる。分量は味見をしながらお好みで。

きゅうりと大根のしそ巻きスティックサラダ

食べやすさもおいしさのうち、はし休めにも最適です

① きゅうり$\frac{1}{2}$本は4つ割り、大根は10センチ長さ1センチ角に切ったものを4本作る。

② ①をそれぞれ青じそで巻き、巻き終わりを下にして皿に盛る。

③ ②にフレンチドレッシング大さじ3をかける。

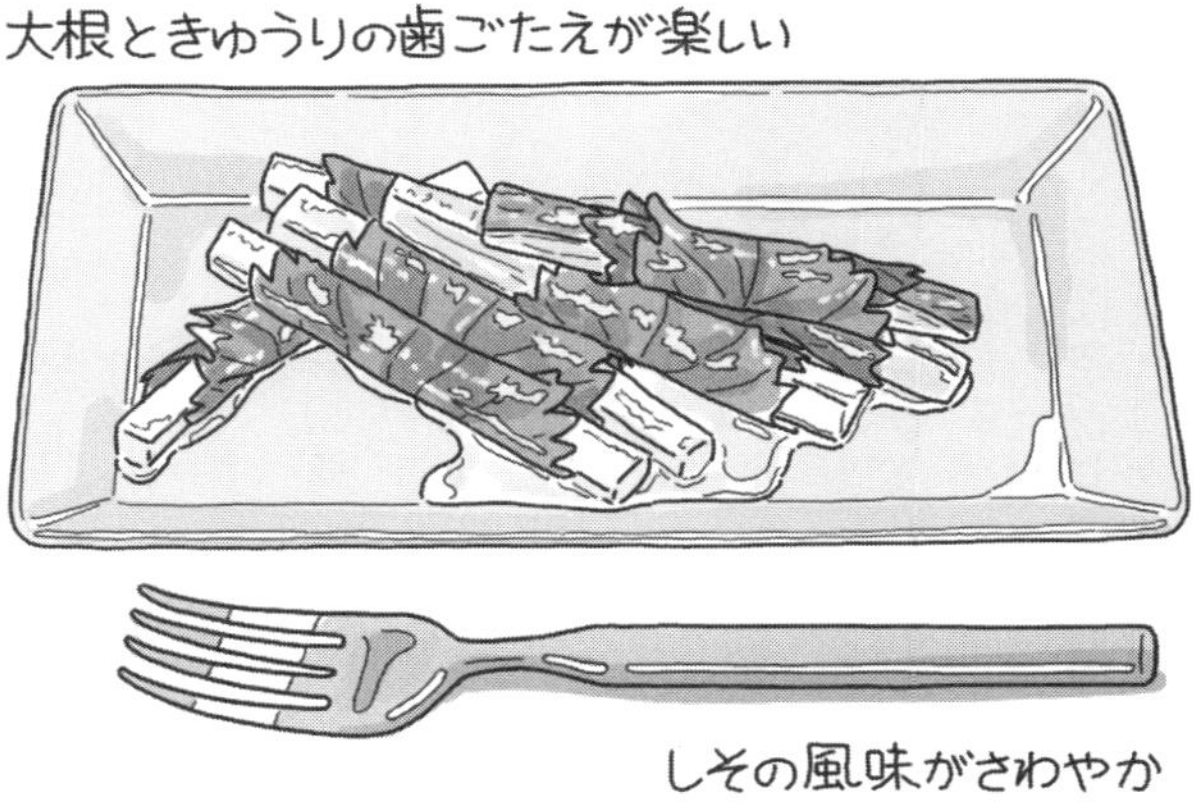
大根ときゅうりの歯ごたえが楽しい
しその風味がさわやか

アレンジ

にんじんやセロリを大根と同様に切ってしそを巻いて加えれば、彩りも美しい。ごぼうを同様に切ってゆでたものもおいしい。フレンチドレッシングを和風ドレッシングに変えれば浅漬け風。

ここはこうする！

フレンチドレッシングをかけたら15分ほどおくと、味がよくしみてさらにおいしい。時間をおきすぎるとしそが黒くなってしまうので、その日のうちに食べきって。

たことセロリのマリネ

ミックスハーブの風味がポイントです

① ゆでたこ（足）50gはぶつ切りにする。

② セロリ10センチは筋を取り、2センチ長さに切って面取りする。

③ フレンチドレッシング大さじ2、白ワインビネガー大さじ1、ミックスハーブ小さじ$\frac{1}{2}$を合わせ、①と②を加えて30分以上漬ける。

ワインはもちろん日本酒にもよく合う

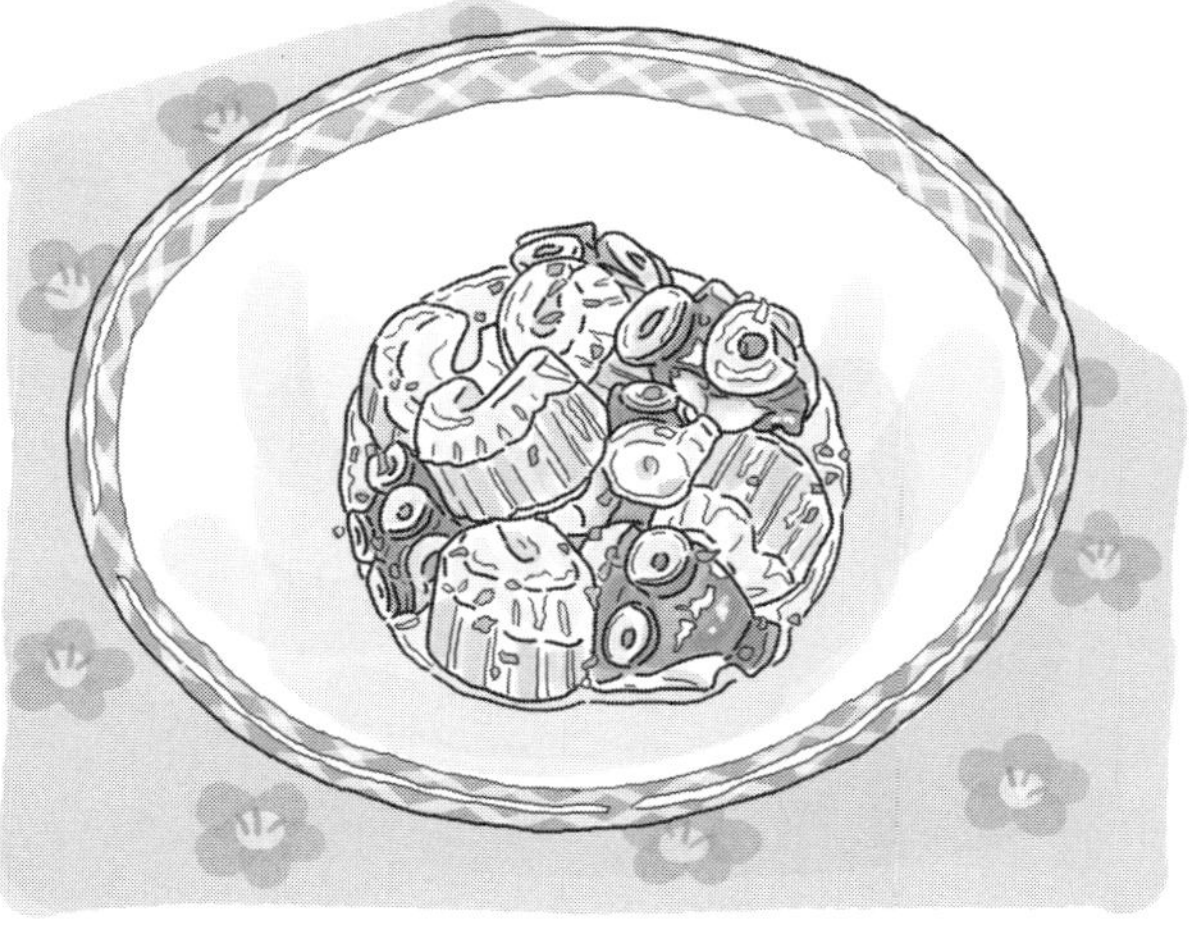

アレンジ

セロリの代わりにきゅうりを使ってもおいしい。しめじやエリンギ、しいたけなどのきのこ類をゆでて一緒に漬ければ、ボリューム満点でヘルシーなマリネに。

ここはこうする!

「面取り」

包丁で角を落とすように切る。

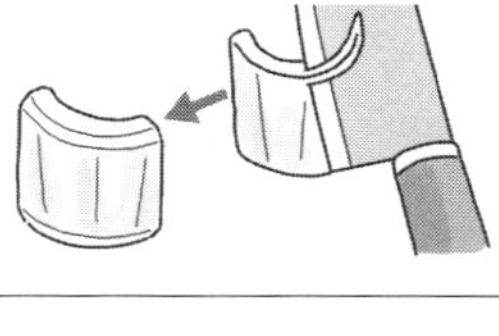

かにとグレープフルーツのサラダ

かにのむき身を使ったちょっとぜいたくなひと皿

① かにのむき身30gは粗くほぐす。

② グレープフルーツ1/2コは果肉を取り出す。

③ フレンチドレッシングとマヨネーズ各大さじ1、粗びきこしょう少々を混ぜ合わせ、①と②をあえる。

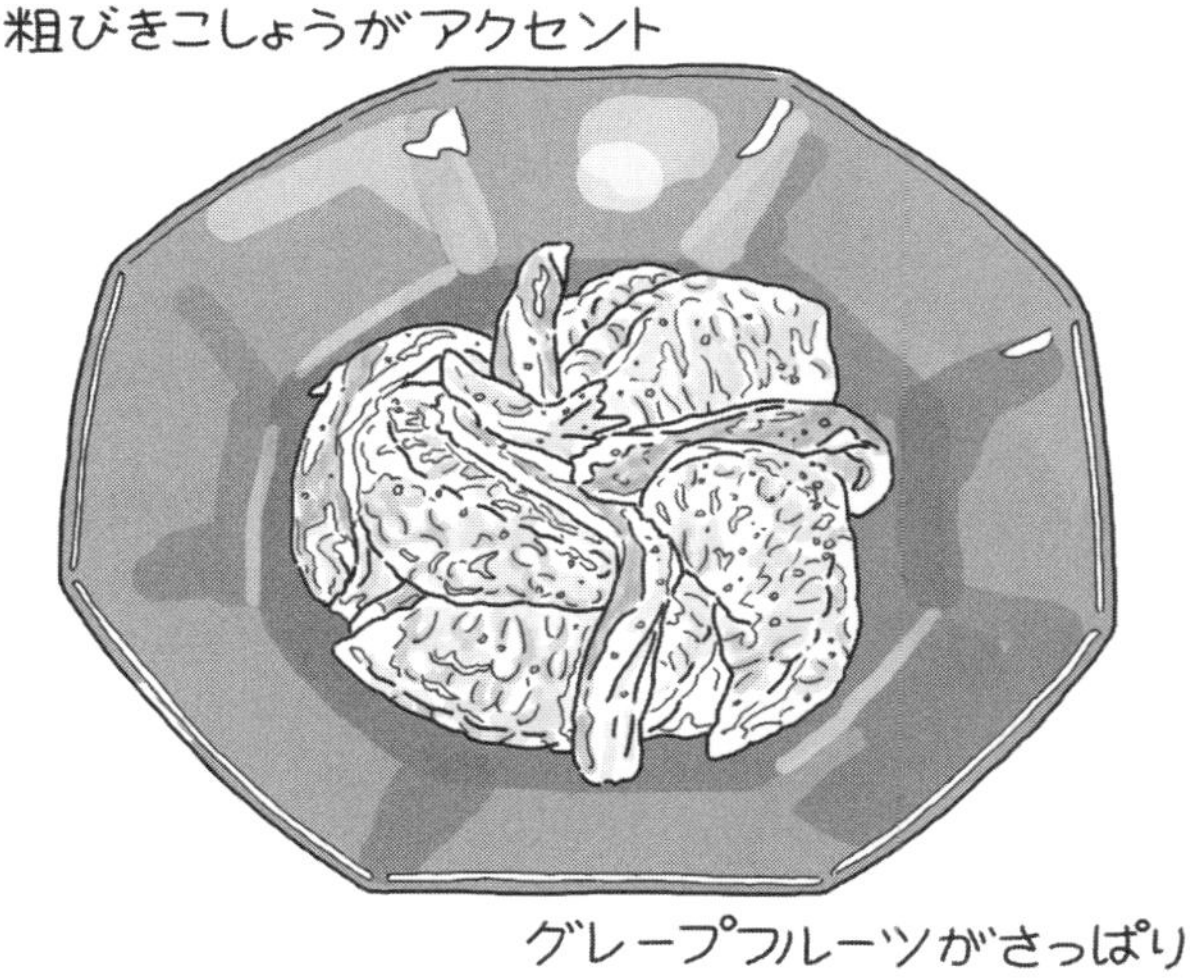
粗びきこしょうがアクセント
グレープフルーツがさっぱり

アレンジ

かにの代わりに、ゆでたいかやたこ、えびをあえてもおいしい。ただし、あまりゆですぎると身がかたくなるので注意して。ほかにも、ほたてなど貝類も美味。

もうひと手間

グレープフルーツのしぼり汁少々をフレンチドレッシングに加えると、さらにさわやかな風味が楽しめる。かにのむき身がなかったらかにの缶詰、またかに風味のかまぼこを使ってもよい。

アボカドとハムとオリーブのサラダ

ワインやビールのおつまみは、これで決まり！

① アボカド1/2コとハム2枚は1・5センチ角に切る。ブラックオリーブ2粒（種なし）は輪切りにする。

② オリーブ油大さじ1、レモン汁小さじ1、塩少々を混ぜ合わせる。

③ ②で①をあえる。

アレンジ

ハムの代わりにまぐろの角切り（刺身用）を使えばボリュームもアップし、ごはんの副菜にもぴったり。オリーブの代わりにプロセスチーズを入れれば、さらにこってりとした味わいに。

ここはこうする！

「アボカドの種の取り方」縦に包丁を入れてアボカドを回して１周し、切れ目を入れる。両手でひねってふたつに分ける。種に包丁の刃元を刺してねじって取る。

さけフレークとスプラウトのサラダ

ごはんのおとも、さけフレークがサラダでも大活躍！

①スプラウト30gは洗って水気をよくきる。
②ケッパー（酢漬け）4～5粒は半分に切る。
③フレンチドレッシング大さじ2で①と②、さけフレーク大さじ2をあえる。

ケッパーの酸味がアクセント

アレンジ

さけフレークの代わりにツナ（缶詰）でもおいしい。汁気をよくきってからドレッシングとあえること。ゆでたブロッコリーや、かいわれ菜を加えてもおいしい。

ここはこうする！

スプラウトは植物の新芽のことで、栄養が豊富に含まれていることから脚光を浴びている。余ったスプラウトはゆでておひたしにしたり、味噌汁やスープに入れるなどしてすぐに使いきって。

ルッコラとサラミのサラダ

独特の風味をもつハーブ、ルッコラが主役です

①ルッコラ50gの葉はちぎり、茎はざく切りにする。

②サラミ（薄切り）3枚は細切りにする。

③フレンチドレッシング大さじ3で、①と②をあえる。

ほろ苦いルッコラがクセになる

アレンジ

大きめに切ったプロセスチーズやゆで卵を加えると、ボリュームもアップし、全体がまろやかな味に。ルッコラがなければ、サラダほうれん草、またゆでたほうれん草でもよい。

ここはこうする!

ルッコラはハーブの一種。余ったらゆでておひたしにしたり、炒め物に加えたりして。また、パスタなどのソースに混ぜ合わせたり、ピザにのせてもおいしい。

海藻ミックスとたこのサラダ

海の幸を和風テイストで。低カロリーもうれしいところです

① 海藻ミックス5gは水につけてもどし、水気をきる。

② ゆでたこ（足）50gは輪切りにする。

③ ポン酢しょう油大さじ2とオリーブ油大さじ1を混ぜ合わせ、①と②をあえる。

海藻がたっぷり
たこがシコシコ

アレンジ

たこの代わりに、かに、いか、貝類、白身魚（いずれも刺身用）を使ってもおいしい。海藻ミックスがなければ、わかめ（塩蔵）を水でもどしてざく切りにしたものをあえてもよい。

もうひと手間

ポン酢しょう油がなければ、しょう油と柑橘系果実のしぼり汁を同量合わせたものでも代用可能。かぼす、ゆず、レモンが最適だが、なければみかん、オレンジ、ライムなどでもよい。

大根と三つ葉のゆずサラダ

冬の味覚がいっぱい、酢の物感覚でいただきます

① 大根3センチ（80ｇ）とゆずの皮少々はせん切りにし、三つ葉1/2束弱（20ｇ）はざく切りにする。

② ゆずのしぼり汁大さじ1/2と薄口しょう油大さじ1を混ぜ合わせ、①をあえる。

③ ②を皿に盛りつけて一味唐辛子をふる。

あっさり味がうれしい
ゆずの香りがふわっと広がって

アレンジ

三つ葉の代わりにかいわれ菜、水菜、春菊を使ってもよい。春菊は生のままあえると、ゆでたときよりもほろ苦さが堪能できておいしい。あさつきの小口切りを散らしても美味。

ここはこうする！

大根は時間をおくと水分が抜け出てかさかさになってしまうので、あえる直前に切ること。ゆずの代わりに、かぼすを使ってもおいしい。

薬味いっぱいの豆腐サラダ

香味野菜が食欲をそそる変わり冷奴

①木綿豆腐$\frac{1}{2}$丁（100g）は水気をふいて2・5センチ角に切る。

②みょうが1コときゅうり3センチはいちょう切りにし、しょうがとねぎ各少々はみじん切りにする。

③和風ドレッシング大さじ3で①と②をあえる。

薬味の量はお好みで

七味唐辛子をふれば酒の肴にも

アレンジ

豆腐の代わりに厚揚げを使っても美味。沸騰した湯に入れて１分ほどゆでて油抜きし、ざるにあげて冷ましてからひと口大に切ってあえる。ゆでるのが面倒であれば、熱湯をかけるだけでもよい。

ここはこうする！

豆腐は木綿、絹ごしどちらでもお好みで。絹ごしの場合はしっかりと水きりすること。まな板に豆腐をのせて、平皿１枚のせておくと簡単。絹ごしはくずれやすいので、静かにあえる。

作ってみよう!

基本のマヨネーズ

マヨネーズも作ってみれば意外と簡単。ゆで卵や玉ねぎのみじん切りを加えたり、カレー粉やパプリカなどスパイスを混ぜたりと、アイデア次第でいろいろアレンジできます。冷蔵庫で1週間保存が可能です。

[材料]

卵黄1コ、練りがらし小さじ1/2、塩、こしょう、砂糖各少々、酢またはワインビネガー大さじ1/2、サラダ油2/3カップ

[作り方]

① ボウルに卵黄、練りがらし、塩、こしょう、砂糖、酢を加え、泡立て器でよく混ぜ合わせる。

② ①にサラダ油を少量加え、いきおいよくかき混ぜる。

③ 残りのサラダ油を少量ずつ加えながら、よくかき混ぜる。

和素材がうれしいデリサラダ

いつもは煮物などで活躍する和の素材を
洋風にアレンジ。
意外なおいしさとの出会いに、
きっと驚くはずです。

豆と豆腐のヘルシーサラダ

豆腐ベースのドレッシングが斬新です

① 木綿豆腐$\frac{1}{7}$丁（30g）は水きりし、なめらかにつぶす。

② ①とフレンチドレッシング大さじ2をよく混ぜ合わせる。

③ ミックスビーンズ（ドライ缶）80gを②であえる。

豆腐ドレッシングがクリーミー

アレンジ

ミックスビーンズの代わりに、夏の季節にはさやつきのそら豆やえだ豆を使うと旬の味が楽しめる。そら豆はさやから実を取り出してゆでて。また、グリーンピースをあえても美味。

ここはこうする!

豆腐はスプーンの背を使ってつぶすと簡単。すり鉢に入れてすりこ木ですると、よりなめらかに。絹ごし豆腐を使う場合は、水気が多いのでしっかりと水きりすること。

ゆで大豆と赤玉ねぎのサラダ

煮物が定番の大豆も、ドレッシングであえれば新鮮

① 赤玉ねぎ1/4コは薄切りにする。

② オリーブ油大さじ2、レモン汁大さじ1/2、塩、粗びきこしょう各少々を混ぜ合わせる。

③ ②で①と水煮の大豆（缶詰）60gをあえる。

玉ねぎがシャキシャキとおいしい
栄養も豊富！

アレンジ

ごまドレッシングであえてもおいしい。余った水煮缶の大豆は、スープに入れたり、炒め物やおひたしに加えたり、つぶしてハンバーグの具に加えたりとできるだけ早く使いきって。

ここはこうする！

乾燥の大豆を使う場合は、鍋に大豆と大豆の３倍量の水を入れてひと晩つけ、そのまま弱火にかけ、柔らかくなるまで１時間ほど煮る。冷蔵庫で１週間、冷凍で１カ月、保存が可能。

ひじきとせん切りじゃがいものサラダ

具をいっぺんにゆでるから、短時間で仕上がります

①ひじき5gは水につけてもどし、水気をきる。じゃがいも$\frac{1}{2}$コとにんじん少々は皮をむいてせん切りにする。

②塩少々を加えた熱湯にひじき、にんじん、じゃがいもを順に加えてかためにゆで、ざるにあげて冷ます。

③②をフレンチドレッシング大さじ3であえる。

ひじきとフレンチドレッシングがよく合う

アレンジ

フレンチドレッシングにマヨネーズ大さじ１を混ぜ合わせたドレッシングであえれば、クリーミーな味わいが楽しめる。粒マスタードを加えてもおいしい。

ここはこうする！

ひじきを２分ほどゆでたら、にんじんを加えて20～30秒、そしてじゃがいもを加えて30秒ほどゆでる。ひじきは芽ひじきよりも長ひじきのほうが、歯ごたえがある。

切り干し大根のごまマヨサラダ

切り干しの歯ごたえが楽しい、体も喜ぶ健康サラダ

① 切り干し大根5gは水につけてもどし、水気をしぼる。

② きゅうりとセロリ各4センチ、にんじん少々は細切りにして塩少々をふり、しんなりしたら水気をしぼる。

③ フレンチドレッシング、マヨネーズ、すりごま各大さじ1、しょう油、砂糖各小さじ1/2を混ぜ合わせ、①と②をあえる。

ちょっと甘めの味つけがうれしい

アレンジ

ひじき、またはしめじ、しいたけ、エリンギ、まいたけなどのきのこ類をゆでて一緒にあえてもおいしい。ごまマヨの代わりに和風ドレッシングを使えばさっぱり味のサラダに。

ここはこうする!

切り干し大根をもどすときに使った水には栄養がたっぷり含まれているので、捨てずに煮物の煮汁などに利用して。すりごまは黒白どちらでもお好みのものを。

アスパラガスの白あえサラダ

どこか懐かしくて新しい、洋風の白あえ

① アスパラガス3本ははかまを取り、塩ゆでして半分に切る。

② 木綿豆腐$\frac{1}{7}$丁（30g）は水きりしてつぶし、牛乳、すりごま各大さじ1、砂糖小さじ1、塩小さじ$\frac{1}{4}$を加えてよく混ぜ合わせる。

③ ②で①をあえる。

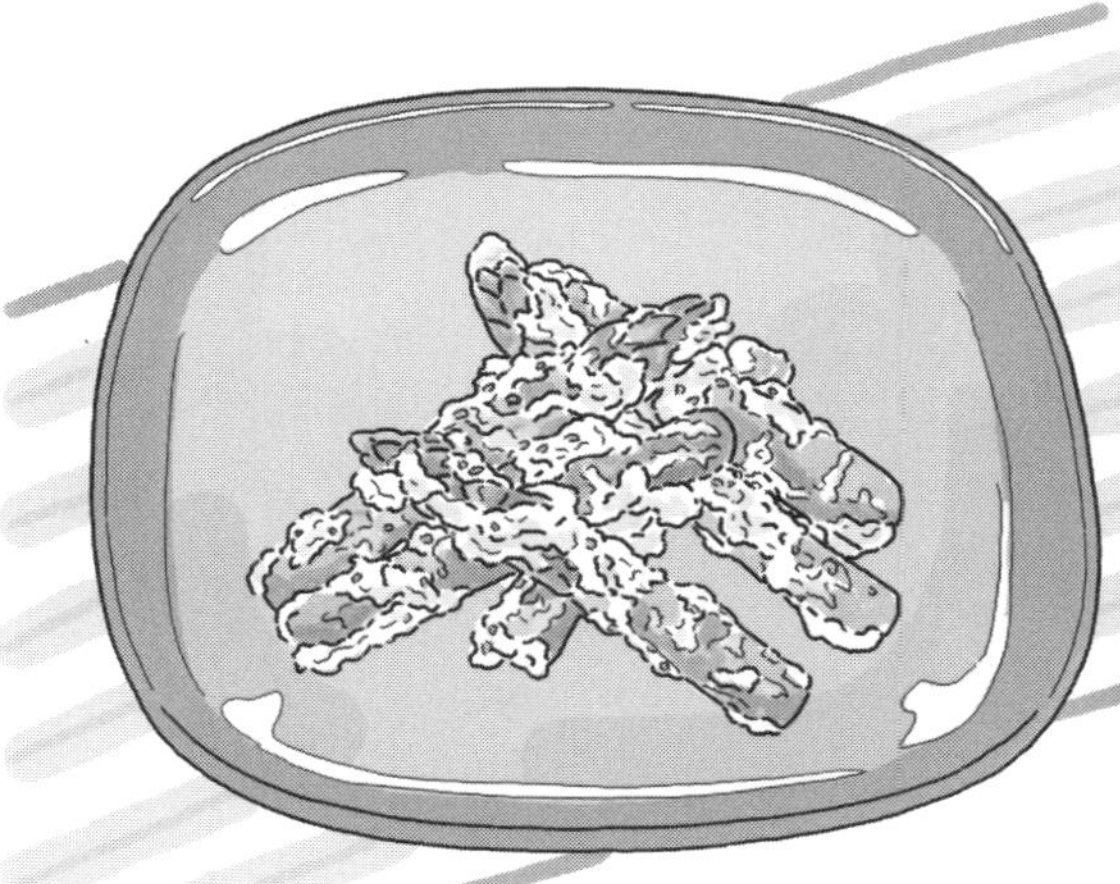

クリーミーなのにあっさり味

アレンジ

アスパラガスの代わりにさやいんげん、きぬさや、ほうれん草、春菊などをゆでてざく切りにしてあえてもおいしい。ほうれん草と春菊は、ゆでたらいったん冷水にとって、よくしぼること。

ここはこうする!

「アスパラガスのはかまの取り方」

茎にはえている三角形の部分を、頭のほうからそぐように取る。

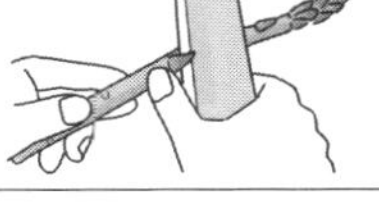

おくらと長いものわさびサラダ

元気になれるネバネバの食材を組み合わせました

①長いも50ｇは皮をむいて4～5センチ長さの短冊切り、おくら4本は塩ゆでして水にとり、水気をよくふいて縦半分に切る。

②おろしわさび小さじ1/2、薄口しょう油、サラダ油各大さじ1、みりん小さじ1を混ぜ合わせる。

③②で①をあえる。

ツルッ、ネバッがおいしい

アレンジ

長いもは皮をむいたら短冊切りにしないでビニール袋に入れ、すりこ木などでたたいて粗くつぶし、おくらは小口切りにする。これをドレッシングであえるとさらにトロトロネバネバのサラダに。

ここはこうする!

「短冊切り」

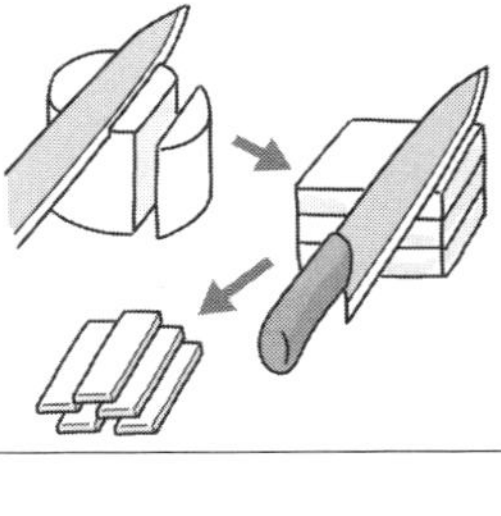

シャキシャキれんこんサラダ

れんこんをかためにゆでるのがおいしさのコツ！

①れんこん$\frac{1}{2}$節弱（80g）は皮をむいて3ミリ厚さの輪切りにし、酢少々を加えた熱湯でかためにゆでてざるにあげる。

②きくらげ（大）1枚は水につけてもどし、さっとゆでて石づきを取り除いて細切りにする。

③豆乳大さじ1とマヨネーズ大さじ2を混ぜ合わせ、①と②をあえる。

きくらげがコリコリ
豆乳マヨネーズがまろやか

アレンジ

きくらげの代わりに、しめじやしいたけなどほかのきのこ類をさっとゆでてあえてもおいしい。豆乳をすりごま（白）に変え、溶き辛子少々を加えたマヨネーズもいける。

ここはこうする!

きくらげは、小さめのものであれば4～5枚使用し、水でもどしてゆでてから半分に切ってあえる。水でもどす時間は、大きめの場合は30分、小さめの場合は15分を目安に。

春菊と桜えびのエスニックサラダ

ナンプラーのふくよかな香りが魅力的

① 春菊1/2束弱（80g）はかたゆでにして冷水にとり、水気をしぼってざく切りにする。桜えび大さじ1はから煎りし、ねぎ4センチはせん切りにする。

② ナンプラー、砂糖各小さじ2、レモン汁、酢各小さじ1、豆板醤小さじ1/4をよく混ぜ合わせる。

③ ②で①をあえる。

カリカリした桜えびが香ばしい

アレンジ

春菊の代わりにレタス、サニーレタス、サラダ菜、香菜を生のままドレッシングであえてもおいしい。桜えびがなければ、松の実、くるみ、アーモンドなどのナッツ類を砕いて入れても。

ここはこうする!

「ねぎのせん切り」

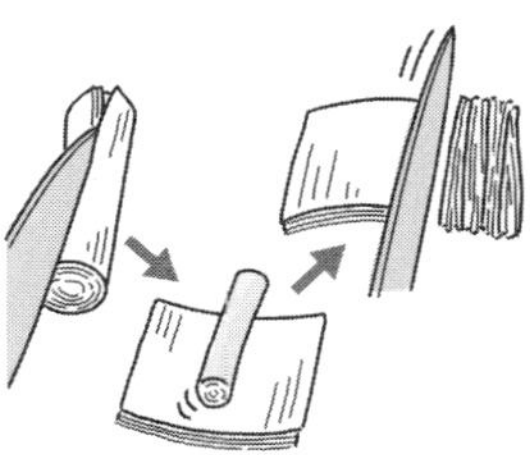

せりとカリカリ油揚げのごまサラダ

香ばしくから煎りした油揚げがたまりません！

① せり1束（100g）はかたゆでにして冷水にとり、水気をしぼってざく切りにする。

② 油揚げ1/4枚は細切りにして、から煎りする。

③ 和風ドレッシング大さじ2と煎りごま小さじ1を混ぜ合わせ、①と②をあえる。

ごまは白、黒どちらでも
せりの香りを楽しんで

アレンジ

せりが手に入らなければ、ほうれん草、春菊、小松菜でもよい。いずれもゆでて水気をよくしぼる。ゆでるときは、根元のほうから熱湯に入れ、しばらくしてから葉を入れると均一に火がとおる。

ここはこうする！

油揚げは、表面にうっすらと焼き色がついて、カリカリになるまで弱火で煎る。このとき油はひかない。時間をおくと油揚げがドレッシングを吸ってしまうので、食べる直前にあえて。

みょうがと大根の甘酢サラダ

和の定番の酢の物をサラダ風にアレンジ

① みょうが1コは細切りにして熱湯でさっとゆで、水気をよくきる。

② 大根3センチ（80g）は短冊切りにして塩小さじ1/2をふり、しんなりしたら水気をよくしぼる。

③ 酢大さじ1と1/2、砂糖大さじ1/2を混ぜ合わせ、①と②をあえる。

大根がうっすらピンク色に染まって

アレンジ

せん切りにしたしょうがをさっとゆでて加えると、味のアクセントに。大根の代わりにかぶでもおいしい。かぶも大根と同様、塩をふってしんなりさせてからあえる。

ここはこうする!

大根は、面倒でも必ず塩をふってしんなりさせて。切ってすぐにあえると水っぽくなり、ふやけた味になってしまう。翌日まではおいしく食べられるので、多めに作っておくとよい。

雑穀米のライスサラダ

彩りも美しい、さっぱり味のお米のサラダです

① 米1カップと雑穀米15gを合わせ、1・2カップの水を加えて炊く（炊き上がり300g）。

② きゅうりとセロリ各少々は3センチ角、赤ピーマン少々は5ミリ角に切る。

③ フレンチドレッシング大さじ3で①の100g分と②をあえる。

洋風の寿司としてランチにも
タバスコをかけてもうまい

アレンジ

玉ねぎの角切り、ゆでた枝豆やグリーンピース、ホールコーンなどを加えるとよりおいしく、にぎやかに。５ミリ角に切ったチーズを加えるとコクと風味が増す。

ここはこうする!

余ったごはんは、ごはん茶碗１杯分ずつラップに平らに包んで冷凍庫へ。できるだけ薄くして包むと解凍するのに時間がかからない。１カ月を目安に食べきって。

サラダのトッピング

サラダにトッピングをプラスすれば、味にコクが加わったり、見た目も華やかに。ここでは簡単に作れる「クルトン」と「カリカリベーコン」の2種類を紹介します。冷蔵庫で2〜3日保存が可能です。

【クルトン】

〈フライパンを使って〉パンを5〜6ミリ角に切ってフライパンに入れ、きつね色になるまで弱火でゆっくりから煎りする。

〈オーブントースターを使って〉アルミホイルにサラダ油をぬり、5〜6ミリ角に切ったパンをころがして油をまぶし、2分ほど加熱する。

【カリカリベーコン】

ベーコンを細切り、または1センチ角に切ってフライパンに入れ、油をひかず弱火でカリカリになるまでゆっくり炒める。クッキングペーパーなどにのせて油をよくきる。油ごとサラダにかけてもおいしい。

作りおきできる便利デリ

マリネやピクルスなど、
常備菜として重宝するデリサラダ。
いつも冷蔵庫に用意しておけば、
とっさのときにも安心です。

＊この章の材料はすべて作りやすい分量です。
とくに記載がない限り、冷蔵庫で１週間保存できます。

きのこのマリネ

ワインのおともにはし休めにと、作っておくと何かと便利です

① エリンギ、しいたけ、えのき各１００ｇは食べやすい大きさに切り、にんにく1カケはみじん切りにする。

② フライパンにオリーブ油大さじ3、にんにくを入れて弱火にかけ、にんにくの香りが立ったらきのこ類を加えて炒め合わせる。

③ 赤唐辛子1本、レモン汁大さじ1、白ワイン大さじ2、塩小さじ2/3を混ぜ、②を加えて30分以上漬ける。

ローカロリーでヘルシー
異なった食感が楽しい

アレンジ

白ワインの代わりに、ワインビネガーや米酢を使えば酸味のきいたマリネに。しめじやまいたけ、マッシュルームなどほかのきのこでも同様においしく作れる。

ここはこうする!

きのこ類はまとめて炒めてもよいが、火のとおりにくいエリンギ、しいたけ、えのきの順に炒めると均等に火が入る。赤唐辛子はちぎって加えると辛みが増す。種は取り除いて。

ドライトマトとオリーブのマリネ

太陽の恵みがいっぱい、パスタや炒め物にも大活躍

① ドライトマトは水に30分以上つけてもどし、水気をふき取って縦に細切りにする。

② オリーブ油大さじ3、酢大さじ2、塩小さじ1/4、こしょう少々、刻んだイタリアンパセリ適量を合わせる。

③ ②に①、ブラックオリーブとグリーンオリーブ各10コを加え、2時間以上漬ける。

アレンジ

ゆでたパスタとあえてもおいしい。冷たいパスタにもよく合う。バゲットにのせればオードブルとして活躍。グリーンサラダのドレッシング代わりに混ぜても美味。肉類と一緒に炒めても。

ここはこうする!

ドライトマトは、ぬるま湯につけると短時間でもどる。オリーブはスタッフドオリーブやスライスしたものでもよい。ただし、スライスは味がしみ込みやすいので2～3日で食べきって。

揚げなすのハーブマリネ

フレッシュなバジルがさわやかさを演出

① オリーブ油大さじ1、白ワインビネガー大さじ2、塩こしょう少々、ちぎったバジルの葉を混ぜ合わせる。

② なす1本は皮を縞目にむき、1センチ厚さの輪切りにして170度の油で1分30秒ほど揚げる。

③ ①に②を加えて、30分以上漬ける。

なすがしっとり柔らか

アレンジ

バジルのほかに、チャイブやイタリアンパセリを使ってもよい。みじん切りにした玉ねぎやあさつきの小口切りを加えるとさらにおいしい。シャキシャキとした食感も楽しめる。

ここはこうする!

なすはとくに水につけてアク抜きする必要はなく、切ったらすぐに揚げてかまわない。揚げたらよく油をきり、熱いうちに漬ける。このデリの保存期間は冷蔵庫で３日間。

3色パプリカのはちみつマリネ

彩りもきれいな、上品な甘味のマリネです

① 赤、黄、オレンジのパプリカ各1コを丸ごと直火で焼いて皮をむき、縦半分に切って種とわたを取り除く。

② はちみつとオリーブ油各大さじ1、白ワインビネガー大さじ2、塩小さじ$\frac{1}{2}$、粗びきこしょう少々を混ぜ合わせる。

③ ②に①を加え1時間以上漬ける。

食べやすい大きさに切って

アレンジ

パプリカの代わりに、直火で焼いたアスパラガスやヤングコーン、たけのこを漬けてもおいしい。生のヤングコーンを使う場合は、一度ゆでてから焼く。

ここはこうする!

「パプリカの皮のむき方」パプリカは焼き網にのせて中火にかけ、転がしながら表面全体が真っ黒になるまで焼く。冷水にとり、水の中で親指でこするようにして皮をむく。

プチトマトのバルサミコマリネ

芳醇なバルサミコがトマトをさらにおいしく

①プチトマト10コは湯むきする。
②容器にバルサミコ酢と白ワイン各大さじ2を合わせる。
③②に①を加え1時間以上漬ける。

まろやかな酸味が口いっぱいに

アレンジ

かぶやカリフラワーでもおいしい。かぶはくし形に切って塩をふり、しんなりしたら水気をよくふき取る。カリフラワーはごくかたゆでにする。残ったマリネ液で鶏肉を煮るとおいしい。

ここはこうする！

白ワインの代わりに赤ワインでもよい。白ワインはすっきり、赤ワインはふくよかな味わいに仕上がる。ワインがなければ水でもかまわない。このデリの保存期間は冷蔵庫で３日間。

かぶとプチトマトのマリネ

甘酢で漬ける、和風のマリネです

①かぶ4コは皮をむき、4つ割りにして塩小さじ$\frac{1}{2}$をふり、30分おいて水気をふき取る。プチトマト10コは湯むきする。

②容器に酢大さじ4、砂糖大さじ1と$\frac{1}{2}$、塩小さじ$\frac{1}{2}$を入れてよく混ぜ合わせる。

③②に①を加えて1時間以上漬ける。

辛味がほしいときは七味をふって

アレンジ

トマトは普通のトマトでもよい。湯むきしたら、食べやすい大きさに切って漬ける。かぶの代わりにきゅうりやセロリもおいしい。かぶ同様に塩をふってから漬ける。

ここはこうする！

かぶは必ず塩をふってしんなりさせ、水気をよくふき取ってから漬けること。切ってすぐに漬けると、かぶから水分が出て水っぽい仕上がりになってしまう。

彩り野菜のピクルス

覚えておくと便利な基本のピクルスです

①きゅうりとセロリ各1本は3センチ長さに切って塩小さじ$\frac{1}{2}$をふり、30分おいて水気をふき取る。赤パプリカ1コは丸ごと直火で焼いて皮をむき、ひと口大に切る。

②鍋に酢$\frac{1}{3}$カップ、水大さじ3、砂糖大さじ1、塩小さじ$\frac{1}{2}$を合わせて煮立て、火を止めて赤唐辛子1本、ローリエ1枚、粒こしょう10粒を加えて冷ます。

③容器に①を詰め、②を注いで1時間以上漬ける。

カリコリ、止まらないおいしさ
パプリカが甘い

アレンジ

ピクルス液にカルダモン、ターメリック、ガラムマサラなどを加えると、スパイシーなピクルスに。きゅうりの代わりにズッキーニ、セロリの代わりに大根など野菜はお好みで。

ここはこうする!

保存性を高めるためにも、ピクルス液は必ず沸騰させること。ピクルス液は2～3回繰り返して使える。ただし、そのつど煮立てて。

ズッキーニとカリフラワーのカレーマリネ

スパイシーなカレーの風味が食欲を刺激します

① ズッキーニ１本は縦半分に切って種を取り除き、５センチ長さに切ってさらに縦半分に切る。カリフラワー1/3株（１００g）は食べやすい大きさに切る。

② ①をかためにゆでて水気をきり、冷ます。

③ カレー粉大さじ1/2、砂糖小さじ1、塩小さじ1/2、オリーブ油と酢各大さじ1を合わせ、②を加えて30分以上漬ける。

コリコリした歯ごたえがうまい！

アレンジ

薄めのくし形切りにしたかぼちゃ、食べやすい大きさに切ったエリンギ、しいたけ、マッシュルームなどのきのこ類やみょうがをさっとゆでて漬けてもおいしい。

ここはこうする！

ズッキーニとカリフラワーは、食感を残すためにゆでる時間は30秒ほどで。保存性を高めるために、必ず冷ましてから漬けること。その日のうちに食べきるのであれば、ゆで立てを漬けてもよい。

かぼちゃといんげんのガーリックマリネ

にんにく風味の油で野菜を香ばしく炒め揚げ

① かぼちゃ1/9コ（150g）は薄いくし形切り、さやいんげん1/2袋（50g）は半分に切る。

② フライパンにオリーブ油大さじ4、にんにくのみじん切り1カケ分を入れて弱火にかけ、じっくり炒める。

③ にんにくの香りが立ってきたら、かぼちゃ、いんげんの順に加えて炒め、塩小さじ1/4、粗びきこしょうをふって火を止め、そのまま冷ます。

食欲をそそるにんにくの香り

アレンジ

さやいんげんの代わりにアスパラガスやピーマン、パプリカ、きぬさやでも。マリネしたものを、弱火であたため直して食べてもおいしい。肉料理のつけ合わせなどにも活用できる。

ここはこうする!

かぼちゃとさやいんげんは火を止めたあと余熱で火をとおすので、炒めるときは表面に焼き色がつくかつかない程度、1分ほどでいい。

なすのトマト煮

パスタやフライ料理のソースなど、何かと重宝する常備菜

① なす3本は1センチ厚さのいちょう切り、にんにく1カケはみじん切りにする。

② フライパンにオリーブ油大さじ2とにんにくを入れて弱火にかけ、香りが立ってきたらなすを加え炒め合わせる。

③ なすの周囲が透明になってきたらカットトマト(水煮缶)200gを加えて10分ほど煮て、塩小さじ1、こしょう少々で味をととのえる。

アレンジ

7～8ミリ厚さに切ったバゲットにのせたりパスタにあえたり。また魚のソテーやフライなどのソース代わりにも利用できる。なすの代わりにズッキーニや芽きゃべつでもおいしい。

ここはこうする!

カットトマトの代わりに生のトマトを使ってもいい。湯むきしたあとざく切りにして、なすを炒めたあとフライパンに加えて20分ほど煮る。

手作りドレッシングはお酢が決め手

ドレッシングに欠かせないのが〝酢〟です。酢の種類は実に多く、味も香りもさまざま。酢を変えるだけで、いろいろなおいしさが味わえます。

【米酢】米を主原料とした、日本でもっともポピュラーな酢。さっぱりとした口あたりで、どんな野菜ともよく合う。

【黒酢】米や麦を原料に、長期間かけて発酵・熟成させた褐色の酢。芳しい香りとコクのある味わいが特徴で、根菜や肉とよく合う。

【りんご酢】りんご果汁を発酵させた酢で、すっきりとした酸味とフルーティで軽い味わい、そしてさわやかな香りが特徴。葉野菜や刺身と相性抜群。レモン汁の代わりに使ってもおいしい。

【ワインビネガー】ワインを原料にした酢。ワイン同様、赤と白の2種類があり、赤はコクがあってまろやか、白はあっさりとしている。マリネやピクルスに最適。

【バルサミコ酢】ぶどう果汁を煮詰めて長期間熟成させたイタリアの酢。黒褐色でとろみがあり、独特のコクと香りが特徴。オリーブ油と合わせたり、直接サラダにかけても美味。

ボリューム
満点の
おかずデリ

魚介や肉をプラスした、
メインディッシュにもなるサラダ。
このひと皿で
おなかも大満足です。

なすのグラタン

市販のミートソースで作る簡単グラタン

①なす2本はへたを取り、縦に7～8ミリ厚さに切ってオリーブ油大さじ2で軽く焼く。

②耐熱容器にバターをぬり、なすとミートソース（市販）150gを半量ずつ交互に重ね、最後に溶けるチーズをのせる。

③オーブントースターで12分ほど焼く。

アツアツをテーブルに
チーズがトロ〜リ

アレンジ

輪切りにしたじゃがいも、薄いくし形に切ったかぼちゃで作ってもおいしい。いずれも、最初にほぼ中まで火がとおるくらいに炒めるか、ゆでて。ゆでたあとは水気をよくふき取ること。

ここはこうする!

なすはあとから熱を加えるので、焼き色がつくかつかない程度にさっと炒めればよい。オリーブ油で炒めず、電子レンジで加熱すればヘルシーな仕上がりに。

トマトのファルシのオーブン焼き

おもてなしにも最適なトマトの詰め物料理

①トマトはへたの下1・5センチほどのところと、底の部分少々を切り落とし、中をくり抜く。

②玉ねぎ少々とマッシュルーム1コのみじん切りをバター小さじ1で炒め、①に詰める。

③②の全体にオリーブ油をぬって塩こしょうをふり、オーブントースターで10分ほど焼く。

タバスコをかけたピリ辛もいける!

アレンジ

マッシュルームを炒めて火を止めたあと、みじん切りにしたチーズを混ぜ合わせてトマトに詰めて焼いてもおいしい。ハムのみじん切りやツナを加えても美味。

ここはこうする!

トマトにオリーブ油をぬるときは、はけを使えばまんべんなくきれいにぬれる。はけがなければ、ペーパータオルにオリーブ油を含ませてぬっても。油をぬらないと焼いたときパサつくので注意。

具だくさんのベークドポテト

じゃがいもに、たっぷり具を詰めて丸ごと焼きました

①じゃがいも1コは皮つきのままラップに包み、電子レンジで5分加熱し、十字に切り込みを入れて皮を開き、半分くらいの高さまで中身をくり抜く。

②ハム、チーズ、パセリは粗みじん切りにして①に詰め、バター10gをのせる。

③オーブントースターで3〜4分焼く。

じゃがいもがホクホク
皮も香ばしくておいしい

アレンジ

バターに、にんにくのみじん切りを混ぜ合わせて焼くと香ばしくて食欲がそそられる。バターをのせずにホワイトソースやミートソースをかけて焼くと、ボリュームも満点。

ここはこうする!

くり抜いたじゃがいもは、きゅうりやセロリ、りんごやゆで卵などのみじん切りと一緒にマヨネーズであえればポテトサラダに。同時に2品が完成する。

サラダほうれん草とローストビーフのサラダ

わさびドレッシングであえた、ちょっと豪華なサラダです

①ローストビーフ40ｇは食べやすい大きさに、サラダほうれん草$\frac{1}{4}$束（50ｇ）はざく切りにする。

②フレンチドレッシング大さじ2とおろしわさび小さじ$\frac{1}{2}$を混ぜ合わせる。

③②で①をあえる。

わさびがツーンとさわやか

アレンジ

おろしわさびの代わりにフレンチマスタードもよく合う。普通のほうれん草をゆでて水気をしぼってざく切りにしてもいい。ルッコラ、サラダ菜、レタス、サニーレタスで作ってもおいしい。

ここはこうする!

おろしわさびをボウルなどに入れたら、少しずつ溶きのばすようにしてフレンチドレッシングを加えて泡立て器などで混ぜる。おろしわさびはチューブ入りのものでよい。

たっぷり野菜のバンバンジー

せん切り野菜がいっぱい、おなじみの中華料理をアレンジ

① 鶏むね肉1/2枚に塩と酒各少々をふって電子レンジで1分30秒ほど加熱し、冷めたら細くさく。

② レタス1枚、大根3センチ（80g）、にんじん少々はせん切りにする。

③ ねりごま大さじ1と1/2、しょう油と砂糖各小さじ1、ごま油大さじ1/2、ラー油少々、①の蒸し汁を混ぜ合わせ、①の鶏肉と②をあえる。

ピリッとラー油がアクセント

アレンジ

市販のごまドレッシング（クリーミータイプ）に、しょう油とごま油各少々を混ぜ合わせてあえてもおいしい。鶏むね肉の代わりに、たいやたらなど白身魚の切り身で作ってもおいしい。

ここはこうする！

鶏肉はさかずにそぎ切りにすると、食感のある仕上がりに。むね肉の代わりに皮つきもも肉を使えば、ジューシーでコクのある味わいになる。せん切りにしたきゅうりやセロリを加えても美味。

えびと春雨のエスニックサラダ

甘くて辛くてすっぱい、やみつきになるおいしさ

① えび（小）3尾はゆでて殻をむき、半分の厚さに切る。春雨20gはもどしてざく切り、玉ねぎ1/4コは薄切り、香菜少々はざく切りにする。

② ナンプラーとレモン汁各大さじ1、砂糖大さじ1/2、にんにくのみじん切りと刻んだ赤唐辛子各少々を混ぜ合わせる。

③ ②で①をあえる。

ナンプラーがクセになりそう
ツルツルした春雨がうまい

アレンジ

えびの代わりに、蒸して食べやすい大きさに切った鶏肉で作ってもおいしい。にらのざく切り、きゅうりやゆでたけのこのせん切りなどを加えると、食べごたえも十分。

ここはこうする!

春雨はじゃがいもなどを主原料としたものよりも、緑豆を使った春雨のほうがコシがあって適している。熱湯につけるよりも、ゆでると短時間でもどすことができる。

根菜と鶏肉の黒酢サラダ

ほんのり甘い黒酢のドレッシングでヘルシーに

① ごぼう10センチはゆでて、半分の長さに切って4つ割りにする。れんこん1/4節（50g）は太めの棒状に切り、かためにゆでる。

② 鶏ささみ2本はそぎ切りにして、塩と酒少々をからめ、片栗粉をまぶしてゆでる。

③ 黒酢大さじ1と1/2、砂糖としょう油各小さじ1を混ぜ合わせ、①と②をあえる。

黒酢のコクがきいている

アレンジ

しめじ、エリンギ、しいたけなどのきのこ類をさっとゆでて加えてもおいしい。棒状に切ってゆでたにんじんを加えれば彩りもきれい。

ここはこうする!

片栗粉をまぶした鶏肉は、熱湯に入れて浮き上がってきたらすくって冷水にとり、すぐに引き上げるのがおいしさのコツ。片栗粉をまぶしてゆでると、つるりとした食感が楽しめる。

ひらひらきゅうりと鰻の山椒サラダ

夏の食卓にぴったりな、〝うざく〟のアレンジメニューです

① きゅうり1/2本は、ピーラーを使ってできるだけ幅広の薄切りにする。

② 鰻の蒲焼き1人分は電子レンジであたため、たれをからめてひと口大に切る。

③ フレンチドレッシングに、鰻に添付されている山椒を加えて混ぜ合わせ、①と②をあえる。

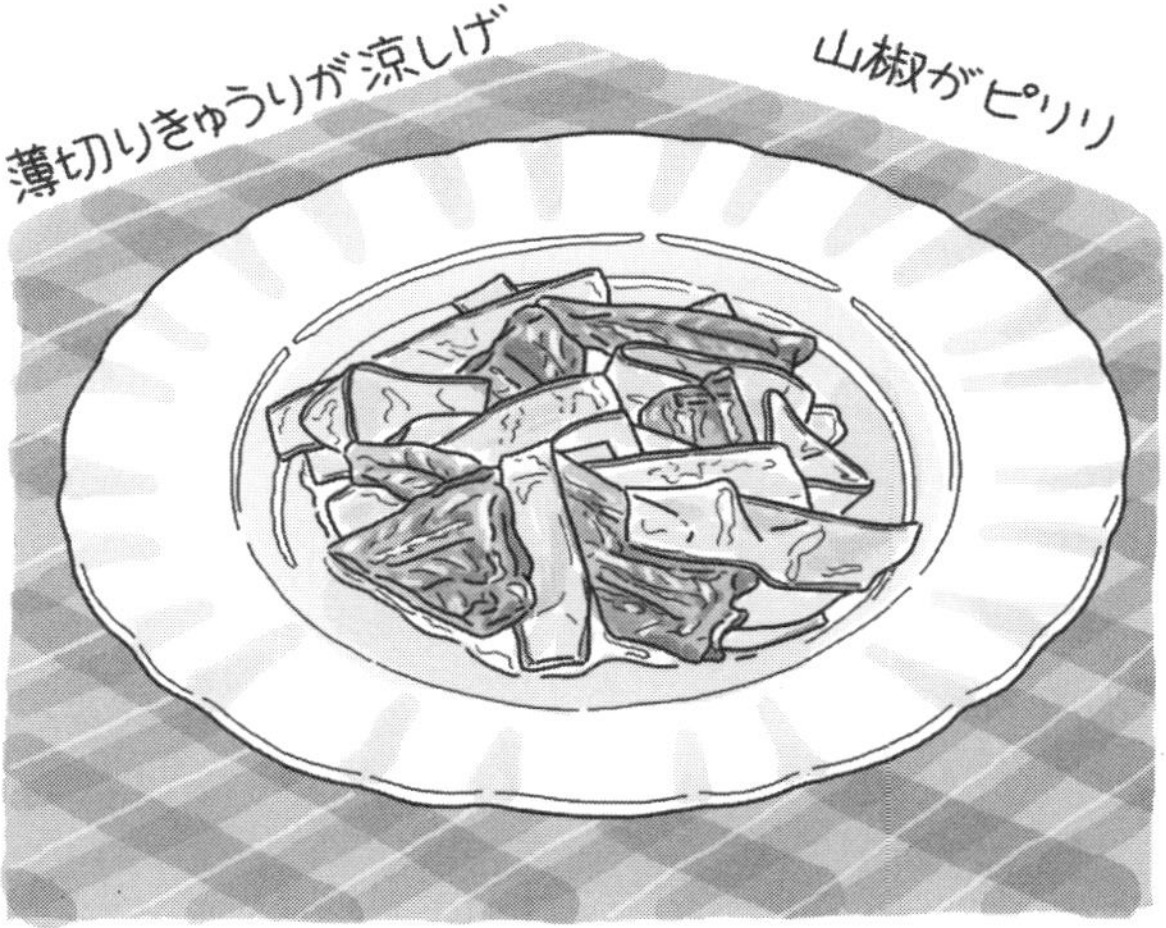
薄切りきゅうりが涼しげ
山椒がピリリ

アレンジ

山椒の代わりにせん切りにしたしょうが、またはしょうがのしぼり汁をドレッシングに混ぜれば、すっきりとした味に仕上がる。もどしてざく切りにしたわかめを加えてもおいしい。

ここはこうする!

きゅうりはできるだけきゅうりの幅に合わせて薄く切る。ピーラーがなければ包丁でもかまわない。鰻はたれをからめやすくするため、必ずあたためて。

スナップエンドウとツナのサラダ

ツナがスナップエンドウをおいしく演出

① スナップエンドウ100gは筋を取って塩ゆでし、ざるにあげて冷ます。

② ツナ$\frac{1}{2}$缶は汁気をきる。

③ フレンチドレッシング大さじ2に②を加えてよく混ぜ、①をあえる。

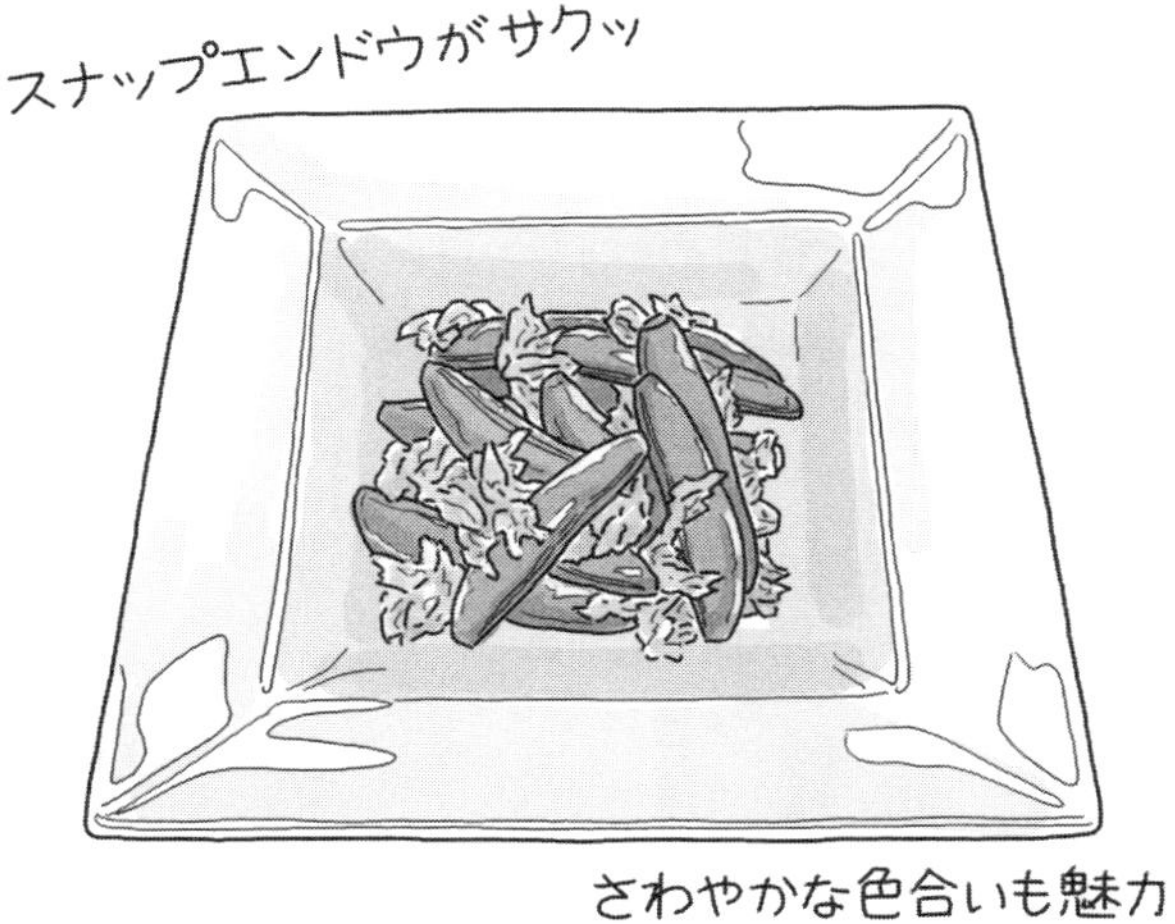
スナップエンドウがサクッ
さわやかな色合いも魅力

アレンジ

スナップエンドウは4月～7月頃が旬。入手できないときはさやいんげん、きぬさや、そら豆などで代用して。ほうれん草、小松菜などをゆでて同じように調理してもおいしい。

ここはこうする!

スナップエンドウは2分ほど塩ゆでしたら、ざるにあげてそのまま冷ましておく。最初にドレッシングとツナをよく混ぜ合わせてから、スナップエンドウをあえると全体がよくからまる。

いんげんとさつま揚げのサラダ

新たなおいしさに出会える、洋風酢みそあえです

①さやいんげん70gは3等分に切って塩ゆでする。

②さつま揚げ1枚は3ミリ幅に切って油抜きする。

③みそ大さじ1、砂糖大さじ1/2を合わせ、フレンチドレッシング大さじ2を少しずつ加えながら混ぜ、①と②をあえる。

みそのこってり感がたまらない
さやいんげんがシャキッ

アレンジ

ちくわやかまぼこなど、ほかの練り製品もよく合う。さやいんげんの代わりにスナップエンドウ、きぬさや、ほうれん草、わけぎなどでもおいしい。

ここはこうする！

さやいんげんをゆでているところへさつま揚げを入れ、同時にざるにあげれば、簡単に油抜きができて洗い物も少なくてすむ。フレンチドレッシングを加えるときは、よくかき混ぜながら。

なすと鶏肉のみぞれあえ

揚げ物を大根おろしとポン酢しょう油でさっぱりと

① なす1本はへたを落として乱切りにし、170度の油で揚げる。

② 大根おろし100gの汁気をきり、ポン酢しょう油大さじ1と$\frac{1}{2}$を混ぜ合わせる。

③ ②で①と鶏のから揚げ（市販）3～4コをあえる。

ポン酢しょう油がさわやか
七味唐辛子をふっても

アレンジ

ポン酢しょう油の代わりに、しょう油、レモン汁、みりん各大さじ1を合わせたものでもおいしい。レモンの代わりに、かぼすやゆずのしぼり汁を使えば風味も豊か。

もうひと手間

鶏のから揚げも手作りすれば、いっそうおいしい。鶏もも肉1枚を食べやすい大きさに切り、しょう油と酒各大さじ½をもみ込んで片栗粉をまぶし、170度の油で4分ほど揚げる。

えびとトマトとアボカドのレモンマヨサラダ

レモン風味の特製ソースでさっぱり仕上げました

① えび（小）3尾はゆでて殻をむく。トマト1/2コは湯むきしてくし形に切り、さらに横半分に切る。アボカド1/2コもトマトと同じ形に切る。

② マヨネーズ大さじ1と1/2、レモン汁小さじ2、粗びき黒こしょう少々を混ぜ合わせる。

③ ②で①をあえる。

すっきりさわやかなソース
アボカドがねっとりクリーミー

アレンジ

えびの代わりにかにのむき身を使えば、さらに豪勢なサラダに。まぐろの角切り（刺身用）でもおいしい。粗びきこしょうをわさびに代えたソースもいける。

ここはこうする！

残ったアボカドは、皮をむかなければ冷蔵庫で２～３日保存が可能。冷蔵庫に入れるときは、できるだけ空気が入らないようきっちりとラップに包む。切り口にレモン汁をぬると変色が防げる。

旬の野菜と選び方

【春】

アスパラガス　緑色が濃くまっすぐ
うど　産毛が痛いほどしっかりはえている
きゃべつ　青々としてずっしり重い
新ごぼう　泥つきで太さがほぼ均等
新玉ねぎ　重量感があってかたい
新じゃがいも　皮が薄くて傷がない
新たけのこ　皮がぴんとして重量感がある
スナップエンドウ　鮮やかな緑色でつやがある
菜の花　鮮やかな緑色でつぼみがかたい
にら　葉先がぴんとしている
レタス　葉がみずみずしい

【夏】

青じそ　緑色が濃く葉脈がまっすぐ
さやいんげん　緑色が濃くはりがある
枝豆　鮮やかな緑色で枝にさやが密集
おくら　緑色が濃く産毛がびっしりはえている
きゅうり　とげがしっかりしている
ゴーヤー　色が均一でいぼにはりがある
ズッキーニ　皮にはりがあり、色つやがよい
セロリ　みずみずしく葉がぴんとしている
そら豆　さやにはりがあり豆の大きさが均一
トマト　へたが濃い緑色で重量感がある
パプリカ　肉厚で傷がない
ピーマン　緑色が濃く肉厚
みょうが　鮮やかな薄紅色で丸みとつやがある

アイデア
いっぱいの
新顔デリ

随所にアイデアが散りばめられた
今までにないサラダ。
どれもくせになりそうな
おいしさです。

春のポテトサラダ

小さな新じゃがを丸ごと使った新感覚のポテトサラダです

①新じゃがいも4コは皮つきのままラップに包み、電子レンジで2分加熱する。

②アスパラガス3本はゆでてぶつ切り、卵1コはかたゆでにしてくし形に切る。

③フレンチドレッシングとマヨネーズ各大さじ1を混ぜ合わせ、①と②をあえる。

新じゃがが ねっとり
アスパラが シャキシャキ

アレンジ

最後に4つ割りにしたイチゴを加えてさっとあえると、より春らしく彩りもきれい。アスパラガスの代わりに、ゆでた菜の花をざく切りにして加えてもおいしい。水気をよくしぼって。

ここはこうする!

新じゃがの皮は柔らかいので、皮つきのまま調理してもかまわない。皮をむく場合は、水で洗いながらたわしで軽くこすると、簡単にむける。

ふりかけ粉ふきいも

簡単で楽しい、遊び心いっぱいのじゃがいもサラダ

①じゃがいも2コは皮をむいてそれぞれ3等分し、水からゆでて粉ふきいもを作る。

②平皿などに、たらこのふりかけ（市販）、粉チーズ、青のり粉各大さじ1をそれぞれ広げる。

③粉ふきいもを2コずつ転がしながら②をまぶしつける。青のり粉には最後に塩をふる。

お弁当のおかずにもぴったり

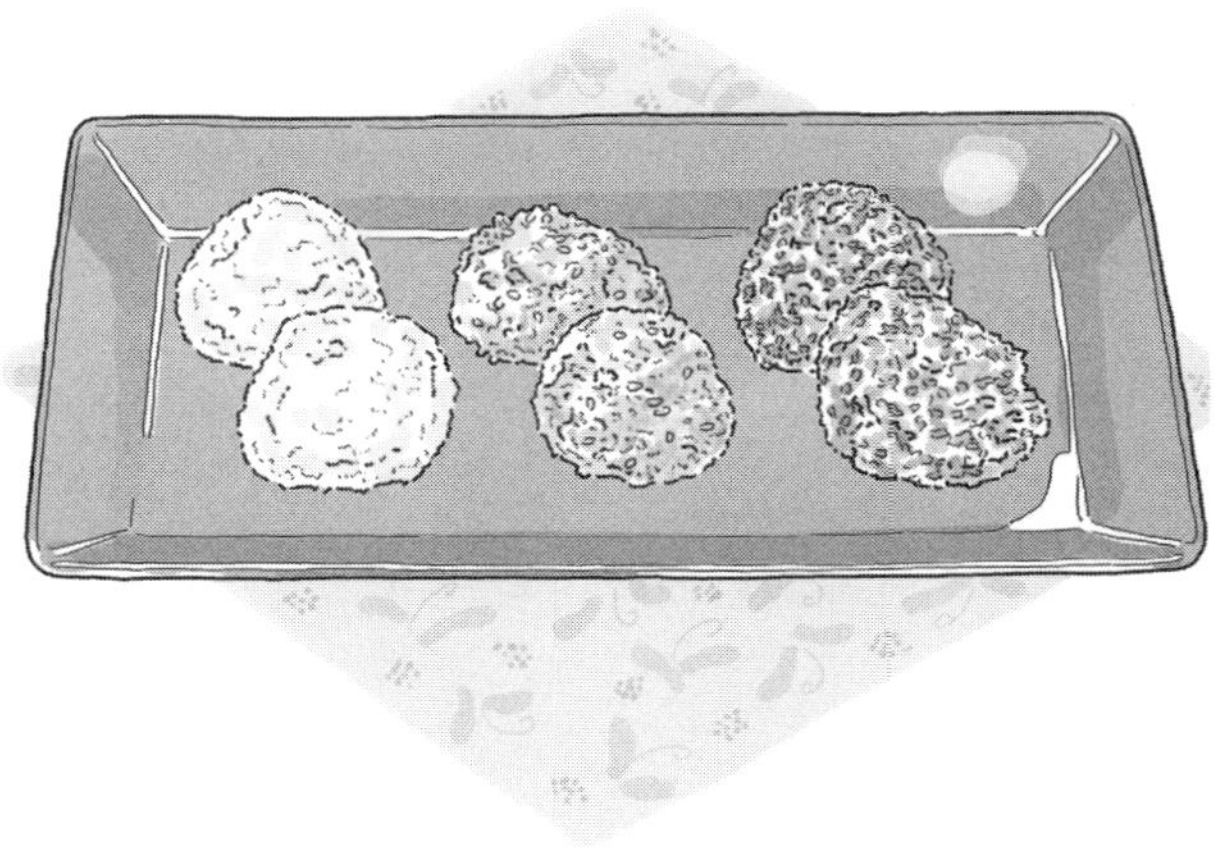

アレンジ

たらこのふりかけだけでなく、玉子、さけ、かつお、牛肉、納豆、わさびなどほかのふりかけでいろいろと試してみて。すりごまやゆかりもいける。すりごまは黒白どちらでも。

ここはこうする！

粉ふきいもは、じゃがいもを柔らかくゆでたら、湯を捨て、鍋をゆすりながら水分をとばして作る。ふりかけなどをまぶすときは、最初にある程度、粉ふきいもを丸めておくときれいにまぶせる。

かぼちゃと甘栗のきんとんサラダ

むき甘栗を使った、スイーツ感覚のサラダです

① かぼちゃ$\frac{1}{12}$コ（100g）はひと口大に切って皮をむき、柔らかくゆでてつぶす。

② ①にコンデンスミルク大さじ2を加え、なめらかに混ぜ合わせる。

③ ②にむき甘栗（市販）7～8コを加え、さっくりと混ぜ合わせる。

栗のほんのりした甘さがうまい
かぼちゃがクリーミー

アレンジ

コンデンスミルクの代わりに、マヨネーズとコーヒー用クリーム各大さじ１であえればおかずっぽい仕上がりに。むき甘栗の代わりに栗の甘露煮を使えば、いっそう甘くて彩りもきれい。

ここはこうする!

「かぼちゃの切り方」

皮を下にして切るとすべって危険なので、必ず切り口を下に。クッキングペーパーをひくとよりすべらない。

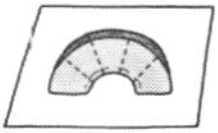

そら豆のワインサラダ

白ワインをドレッシングのベースにした、大人向けの味

① そら豆20粒（100g）はゆでて、実を取り出す。

② 白ワインとオリーブ油各大さじ1、塩小さじ1/2、粗びきこしょう少々を混ぜる。

③ ②で①をあえる。

そら豆がほっこり

アレンジ

このドレッシングの代わりに、フレンチドレッシング大さじ２と白ワイン大さじ１を混ぜ合わせたものであえるとキリッとした味が楽しめる。そら豆の代わりに枝豆やグリーンピースで作っても。

ここはこうする！

そら豆は、さやつきのものを使ったほうが断然おいしい。ゆでたらざるにあげ、粗熱がとれたらすぐに実を取り出す。冷めると皮にしわが寄り、むきにくくなってしまう。

セロリの昆布茶サラダ

昆布茶のうまみがきいている、浅漬け風サラダ

①セロリ1本は筋を取り、6センチ長さの短冊切りにする。
②酢、みりん、昆布茶各小さじ1、塩少々を混ぜる。
③①を②であえ、軽い重石をかけて30分以上おき、水気を軽くきって盛りつける。

セロリがシャキッとさわやか

ついつい手がのびるおいしさ

アレンジ

セロリのほかに、きゅうり、大根、かぶなどでもいい。漬けたあと、マヨネーズであえると、また違ったおいしさが味わえる。いずれの場合も重石は皿２～３枚程度で。

ここはこうする!

「セロリの筋の取り方」包丁の刃元で薄く皮をむくようにして筋を取る。

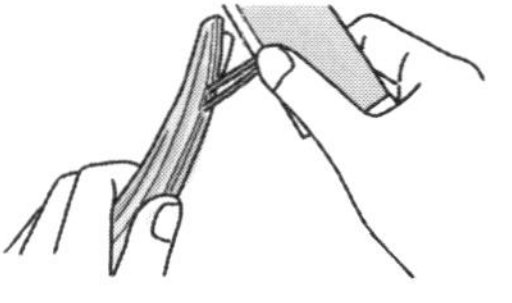

きゅうりとなすとみょうがの柴漬け風サラダ

梅干しとフレンチドレッシングの組み合わせが絶妙です

① なす1本、きゅうり1/2本は4～5センチ長さ、3ミリ厚さの短冊切り、みょうが1コは薄切りにする。

② 容器に①を入れ、塩小さじ1/2をふって混ぜ合わせ、水1カップを注いで軽い重石をかけて30分ほど漬ける。

③ フレンチドレッシング大さじ2、種を取って包丁でたたいた梅干し1コ分、みりん大さじ1/2を混ぜ合わせ、汁気をしぼった②をあえる。

アレンジ

フレンチドレッシングを使わず、たたいた梅干し１コ分と、みりん、酢各大さじ1を混ぜ合わせてあえると、和風味のサラダに仕上がる。

ここはこうする!

なすは空気にふれると黒くなるので、切ったら薄い塩水につけておくとよい。たたいた梅干しとみりんを混ぜてからフレンチドレッシングをゆっくり注いで混ぜるとなめらかなドレッシングに。

せん切り白菜とパプリカのサラダ

みずみずしさを楽しむために白菜を生のまま使いました

①白菜1枚は葉と軸にわけ、それぞれせん切りにする。

②赤パプリカ1/4コは細切りにする。

③フレンチドレッシング大さじ2で①と②をあえる。

シンプルな味つけがあとをひく

アレンジ

白菜の代わりにきゃべつやレタスのせん切りでも、もちろんおいしい。パプリカがなければ普通のピーマンでもよい。

ここはこうする！

生のパプリカは独特のえぐみを持っているが、できるだけ細く切ると気にならない。気になる場合は、細切りにしてからさっとゆでて。

長いもとんぶりのサラダ

サクサク、プチプチ、食感の楽しさもごちそうです

①長いも6センチは皮をむき、4つ割りにする。
②①をビニール袋に入れ、たたいて粗くつぶす。
③フレンチドレッシング大さじ2で、②ととんぶり大さじ1をあえる。

あっさり味が日本酒によく合う

アレンジ

細切りにしたきゅうりやセロリを加えてもおいしい。フレンチドレッシング大さじ１とわさびのすりおろし小さじ１を混ぜてあえるとピリッとした風味が楽しめる。

ここはこうする!

長いもの皮をむくときは、ピーラーを使えば簡単。包丁の場合、すべりやすいのでけがに注意して。たたくときは、すりこ木、びんなどを使うとよい。ねばりが出る程度までたたく。

香菜と玉ねぎのベトナム風サラダ

生春巻きの具材をサラダにアレンジしました

① レタス2枚は大きめにちぎり、玉ねぎ1/4コは薄切りにする。香菜少々はざく切りにする。

② ナンプラーとはちみつ各大さじ1/2、レモン汁と酢各小さじ1、豆板醤小さじ1/4を混ぜ合わせる。

③ ②で①をあえる。

ナンプラーがクセになる

アレンジ

鶏のもも肉やささみを蒸して食べやすい大きさに切ったものを混ぜ合わせると、ボリュームもアップし、おかず風サラダに。刺身用のほたてのほか、魚介類を混ぜ合わせてもおいしい。

ここはこうする!

ナンプラーは塩分が多いので、ドレッシングを作るときは少しずつ足して味見をしながら調整して。レモン汁の代わりにライムのしぼり汁を使ってもよい。

ヤングコーンとアスパラのタイ風サラダ

甘くてすっぱくて辛い、暑い夏にぴったりのサラダです

①ヤングコーン（缶詰）50gは水気をきる。アスパラガス3本は塩ゆでし、食べやすい大きさに切る。

②ナンプラーとレモンのしぼり汁各大さじ1/2、にんにくのすりおろし1/2カケ分、砂糖小さじ1/2、一味唐辛子少々を混ぜ合わせる。

③②で①をあえる。

唐辛子がピリッ!
ヤングコーンがコリコリ

アレンジ

生のマッシュルームを一緒にあえてもおいしい。ヤングコーンやアスパラガスの代わりに、カリフラワーもよく合う。1センチ幅に切ってからごくかたゆでにして、あえる。

ここはこうする!

ドレッシングを作るときは、最初ににんにくのすりおろしをボウルなどに入れ、それからほかの調味料を少しずつ合わせながら混ぜていくと、上手に混ぜ合わせることができる。

サニーレタスとさきいかの韓国風サラダ

意外な発見！　さきいかとコチュジャンの見事なコラボレーション

① サニーレタス3枚は大きめにちぎる。さきいか10本は食べやすい大きさに切る。

② コチュジャン、酢、しょう油、砂糖、ごま油各小さじ1をよく混ぜる。

③ ②で①をあえる。

ごま油の香りが食欲を刺激

アレンジ

刺身用のいかやたこ、またゆでたえびを加えるとさらにおいしい。刻んだ韓国のりや赤唐辛子のせん切りを散らせば、風味もアップする。

ここはこうする！

サニーレタスの代わりにサンチュでもよい。さきいか以外にも、ほたてのひもやサラミなどほかの珍味もよく合う。ドレッシングは、酢を多めにすればすっきり味に。

旬の野菜と選び方

【秋】

アボカド	皮にはりとつやがある
えのき	白くて根元が変色していない
エリンギ	柄が白くふっくらしている
小松菜	緑色が濃く葉が肉厚
さつまいも	皮にはりがあり傷がない
しいたけ	肉づきがよくかさの裏が白い
なす	紫色が濃く皮にはりとつやがある
長いも	皮が薄く傷がない
にんじん	色が濃く表面がなめらか
ほうれん草	緑色が濃く葉がぴんとしている
まいたけ	色が濃くはりがある
マッシュルーム	白くて黒ずみや傷がない
れんこん	黒ずみがなく丸みを帯びている

【冬】

かぶ	白くて傷がない
かぼちゃ	ずっしり重く、カットは種が多い
カリフラワー	白くてしまっている
ごぼう	ほぼ均等の太さで泥がついている
春菊	緑色が濃くみずみずしい
せり	緑色が濃く香りが強い
大根	みずみずしくてはりがある
ねぎ	緑色が濃く白い部分にはりとつやがある
白菜	重量感があり巻きがしっかり
ブロッコリー	緑色が濃くつぼみがしまっている
水菜	葉がみずみずしくはりがある
芽きゃべつ	緑色が濃く巻きがしっかりしている
ゆず	つやがあってしなびていない

レンジで
作る
楽ちんデリ

忙しいときにうれしい、
レンジでチンするだけの
お手軽サラダ。
食べごたえも満点です。

ゴロゴロじゃがいもとケッパーのサラダ

料理のつけ合わせにも大活躍するシンプルな味つけ

①じゃがいも1コは皮をむいて4つ割りにし、水にさらす。

②じゃがいもの水気をざっとふき取り、電子レンジで柔らかくなるまで3分ほど加熱する。

③フレンチドレッシング大さじ2で、②とケッパー10粒をあえる。

ケッパーの量はお好みで
フレンチマスタードをあえてもおいしい

アレンジ

生ハムやスモークサーモンを食べやすい大きさに切って混ぜ合わせれば、ごちそうサラダに。加えるときは、じゃがいもの粗熱がとれてから。さらにマヨネーズであえたポテトサラダ風もいける。

ここはこうする!

じゃがいもを水にさらすときは、2～3分を目安に。水にさらしてから加熱したほうが、ほどよくでんぷんが抜けておいしく仕上がる。小さめの新じゃがを使う場合は、半分に切って調理。

ブロッコリーとほたての中華レンジ蒸し

ほたてのうまみをいかした温野菜のサラダ

①ブロッコリー1/3株（100g）を小房に分けて耐熱皿にのせ、鶏がらスープの素小さじ1/4、酒大さじ1をふって電子レンジで1分30秒ほど加熱する。

②ほたて（缶詰）2コはほぐす。

③①と②をあえる。

味のしみたブロッコリーがおいしい

アレンジ

ほたての代わりに、ツナ缶でもおいしい。さっぱり味に仕上げたければオイル漬けでないものを使用して。さけ缶やさけフレークを混ぜ合わせても美味。

もうひと手間

から煎りしたちりめんじゃこや桜えびを最後に散らすと風味もアップし、見た目もきれい。鶏がらスープがなければ、チキンブイヨンやコンソメでもよい。

水菜と厚揚げのゆずこしょうサラダ

ごはんにも、パンにも合うおそうざい

① 厚揚げ1/3枚は食べやすい大きさに切って耐熱皿に並べ、電子レンジで1分ほど加熱する。

② 水菜1/4束（50g）はざく切りにする。

③ フレンチドレッシング大さじ2とゆずこしょう小さじ1/2をよく混ぜ、①と②をあえる。

さわやかな辛さがたまらない

アレンジ

ゆずこしょうの代わりにおろししょうがを使うとさっぱり、しょう油に変えれば和風味が楽しめる。厚揚げの代わりに、油揚げを短冊切りにしてから煎りして入れてもおいしい。

ここはこうする!

フレンチドレッシングにゆずこしょうを入れるとよく混ざらないので、先にゆずこしょうをボウルなどに入れ、それからフレンチドレッシングで溶くように混ぜる。

小松菜とささみとしいたけの塩サラダ

すべての具材を一度に加熱。あっという間に完成です

① 小松菜1/3束（100g）はざく切り、しいたけ2枚は石づきを取ってかさは薄切り、軸はさく。鶏ささみ1本はそぎ切りにする。

② ①を耐熱皿に並べ、塩小さじ1/2、酒大さじ1をふって全体にざっとまぶす。

③ ②を電子レンジで2分ほど加熱する。

アレンジ

小松菜の代わりに、春菊やほうれん草でもおいしい。しいたけは、しめじ、エリンギ、まいたけ、マッシュルームなどほかのきのこでもよい。

ここはこうする！

電子レンジにかけるときは、大きめの耐熱皿にできるだけ材料を重ならないように並べると均等に火が入る。電子レンジにかけたあと、そのまま冷まして味を含ませると、よりおいしい。

なすのグレープフルーツサラダ

意外な取り合わせですが、不思議とはまります

① なす1本は横半分に切って4つ割りにする。

② ①を耐熱皿に並べ、塩こしょうをふって電子レンジで3分ほど加熱する。

③ ②にオリーブ油大さじ1をふって全体を混ぜ、粗熱がとれたらグレープフルーツ$\frac{1}{2}$コ分の果肉をあえる。

グレープフルーツがさわやか
シンプルな味つけがうまい

アレンジ

グレープフルーツのすっぱさや苦味が苦手な場合は、オレンジを使ってもよい。冬にはみかんで。甘さが加わるだけでなく季節感も出る。

ここはこうする!

なすがあたたかいうちにオリーブ油を混ぜると、オリーブ油の風味がよく浸透しておいしくなる。完成したものを冷蔵庫で冷やして食べても美味。

ガーリック風味のなすの冷製サラダ

冷やして食べたい、なすの焼きびたし風サラダ

① なす1本は横半分に切って縦に1センチ厚さに切り、耐熱皿に並べて電子レンジで1分30秒ほど加熱する。

② しょう油、酢、サラダ油、みりん各小さじ1、ごま油小さじ1/3を合わせて①をあえる。

③ ②を皿に盛りつけ、にんにくのせん切りを散らす。

ビールと相性抜群
にんにくが食欲をそそる

アレンジ

フレンチドレッシングや和風ドレッシングであえてもおいしい。分量はそれぞれ大さじ2で。なすを揚げてドレッシングとあえればコクのあるサラダに。

もうひと手間

にんにくのせん切りを散らしたあと、さらにしそのせん切りや万能ねぎの小口切りを散らせば彩りもきれいで風味もアップする。

かぼちゃとレーズンのマヨサラダ

ねっとりクリーミー、意外とごはんにもよく合います

① かぼちゃ$\frac{1}{12}$コ（１００ｇ）をひと口大に切って耐熱皿に並べ、電子レンジで2分ほど加熱する。

② マヨネーズ大さじ1と$\frac{1}{2}$、牛乳小さじ2、塩少々、干しぶどう大さじ1を混ぜ合わせる。

③ ②で①をあえる。

まろやかなコク
かぼちゃが甘い

アレンジ

クリームチーズを入れてもおいしい。かぼちゃは冷凍のものを使ってもかまわない。かぼちゃの代わりに、さつまいもやじゃがいもでも。さつまいもを使えばより甘い仕上がりになる。

ここはこうする！

干しぶどうはそのまま混ぜ合わせてもよいが、ぬるま湯に５分ほどつけておき、水気をよくふいてから合わせると柔らかくなって食感がよくなる。

きゃべつとコーンのカレーサラダ

ほんの少しのカレー粉で、刺激的な味に大変身

① きゃべつ100gは3〜4センチ角に切って耐熱皿に並べ、電子レンジで1分ほど加熱する。

② フレンチドレッシング大さじ2、カレー粉と砂糖各小さじ1/2を混ぜ合わせる。

③ ②で①とスイートコーン（缶詰）大さじ1をあえる。

ホットのままでもおいしい!
カレーの風味が食欲をそそる

アレンジ

細切りにしたピーマンを、きゃべつと一緒に電子レンジにかけてドレッシングとあえてもおいしい。ハムやベーコン、ソーセージなどを加えれば、おかずサラダとして最適。

ここはこうする!

カレー粉と砂糖を先に混ぜ合わせ、そこへフレンチドレッシングを少しずつ加えていくと全体がよく混ざる。きゃべつがあたたかいうちにドレッシングを混ぜると、味がからみやすい。

もやしとチャーシューのピリ辛サラダ

酢じょう油にラー油をプラスした、何度も食べたくなる味です

①もやし100gは洗って水気をきり、耐熱皿に並べて電子レンジで2分ほど加熱する。チャーシュー3枚は細切りにする。

②ごま油、砂糖、酢、しょう油各小さじ1とラー油少々を混ぜる。

③②で①をあえる。

おつまみにもってこい

アレンジ

にんじん、ピーマンのせん切りをもやしと一緒に加熱してもおいしい。もやしの代わりに白菜、きゃべつ、小松菜などでもよい。いずれも、加熱したあとよく水気をきる。

ここはこうする!

もやしは、面倒でも芽と根を取り除いてから調理すると、断然、食感がよくなる。電子レンジで加熱したあと、水気をよくきること。そのままあえると水っぽくなるので注意して。

材料別インデックス

【野菜】

アスパラガス
ホワイトアスパラとほたてのレモンサラダ　76
アスパラガスの白あえサラダ　106
春のポテトサラダ　170
ヤングコーンとアスパラのタイ風サラダ　188

うど
たけのことうどとわかめのサラダ　18

えのき
きのこのマリネ　122

エリンギ
きのこのマリネ　122

おくら
おくらと長いものわさびサラダ　108

オリーブ
新じゃがとオリーブのシャキシャキサラダ　22
アボカドとハムとオリーブのサラダ　84
ドライトマトとオリーブのマリネ　124

かぶ
かぶとプチトマトのマリネ　132

かぼちゃ
かぼちゃといんげんのガーリックマリネ　138
かぼちゃと甘栗のきんとんサラダ　174
かぼちゃとレーズンのマヨサラダ　206

カリフラワー
ズッキーニとカリフラワーのカレーマリネ　136

きゃべつ
ロールキャベツきゃべつ　46
彩り野菜のコールスロー　56
きゃべつとサーモンのミルフィーユ　66
きゃべつとコーンのカレーサラダ　208

きゅうり
きゅうりのヨーグルトサラダ　54

彩り野菜のコールスロー 56
きゅうりと大根のしそ巻きスティックサラダ 78
彩り野菜のピクルス 134
ひらひらきゅうりと鰻の山椒サラダ 158
きゅうりとなすとみょうがの柴漬け風サラダ 180

クレソン

クレソンとマッシュルームのサラダ 70

香菜

香菜と玉ねぎのベトナム風サラダ 186

ごぼう

たたきごぼうとほうれん草のサラダ 36
根菜と鶏肉の黒酢サラダ 156

小松菜

小松菜とささみとしいたけの塩サラダ 200

ゴーヤー

ゴーヤーの梅サラダ 28

さつまいも

さつまいものゴロゴロサラダ 30

サニーレタス

サニーレタスとさきいかの韓国風サラダ 190

さやいんげん

かぼちゃといんげんのガーリックマリネ 138
いんげんとさつま揚げのサラダ 162

しいたけ

きのこと根菜のサラダ 32
きのこのマリネ 122
小松菜とささみとしいたけの塩サラダ 200

しめじ

きのこと根菜のサラダ 32

じゃがいも

新じゃがとオリーブのシャキシャキサラダ 22
ひじきとせん切りじゃがいものサラダ 102
具だくさんのベークドポテト 148
春のポテトサラダ 170
ふりかけ粉ふきいも 172
ゴロゴロじゃがいもとケッパーのサラダ 194

春菊
春菊と桜えびのエスニックサラダ　112
ズッキーニ
夏野菜の焼きサラダ　26
ラタトゥイユ　44
ズッキーニとカリフラワーのカレーマリネ　136
スナップエンドウ
スナップエンドウとツナのサラダ　160
スプラウト
さけフレークとスプラウトのサラダ　86
せり
せりとカリカリ油揚げのごまサラダ　114
セロリ
彩り野菜のコールスロー　56
たことセロリのマリネ　80
彩り野菜のピクルス　134
セロリの昆布茶サラダ　178
そら豆
そら豆とゆで卵のサラダ　24
そら豆のワインサラダ　176
大根
ゆず大根のピリ辛サラダ　38
大根と水菜のじゃこサラダ　64
きゅうりと大根のしそ巻きスティックサラダ　78
大根と三つ葉のゆずサラダ　92
みょうがと大根の甘酢サラダ　116
たっぷり野菜のバンバンジー　152
なすと鶏肉のみぞれあえ　164
たけのこ
たけのことうどとわかめのサラダ　18
玉ねぎ
新玉ねぎとトマトのサラダ　20
芽きゃべつと小玉ねぎの温サラダ　34
ラタトゥイユ　44
オニオンスライスと生ハムのサラダ　74
ゆで大豆と赤玉ねぎのサラダ　100
香菜と玉ねぎのベトナム風サラダ　186
トマト
新玉ねぎとトマトのサラダ　20

夏野菜の焼きサラダ 26
ラタトゥイユ 44
トマトとモッツァレラのイタリアンサラダ 50
フルーツトマトのカップサラダ 72
プチトマトのバルサミコマリネ 130
かぶとプチトマトのマリネ 132
トマトのファルシのオーブン焼き 146
えびとトマトとアボカドのレモンマヨサラダ 166

とんぶり

長いもととんぶりのサラダ 184

長いも

おくらと長いものわさびサラダ 108
長いもととんぶりのサラダ 184

なす

ラタトゥイユ 44
揚げなすのハーブマリネ 126
なすのトマト煮 140
なすのグラタン 144
なすと鶏肉のみぞれあえ 164
きゅうりとなすとみょうがの柴漬け風サラダ 180
なすのグレープフルーツサラダ 202
ガーリック風味のなすの冷製サラダ 204

菜の花

菜の花とほたてのサラダ 16

にんじん

せん切りにんじんとレモンのサラダ 52

白菜

白菜とみかんのサラダ 40
せん切り白菜とパプリカのサラダ 182

パプリカ

3色パプリカのはちみつマリネ 128
彩り野菜のピクルス 134
せん切り白菜とパプリカのサラダ 182

ブロッコリー

えびとブロッコリーのマヨサラダ 62
ブロッコリーとほたての中華レンジ蒸し 196

ほうれん草

たたきごぼうとほうれん草のサラダ 36
ほうれん草のキッシュ 48

サラダほうれん草のシーザーサラダ　58
サラダほうれん草とローストビーフのサラダ　150

マッシュルーム

クレソンとマッシュルームのサラダ　70

水菜

大根と水菜のじゃこサラダ　64
水菜と厚揚げのゆずこしょうサラダ　198

三つ葉

大根と三つ葉のゆずサラダ　92

みょうが

みょうがと大根の甘酢サラダ　116
きゅうりとなすとみょうがの柴漬け風サラダ　180

芽きゃべつ

芽きゃべつと小玉ねぎの温サラダ　34

もやし

もやしとチャーシューのピリ辛サラダ　210

ルッコラ

ルッコラとサラミのサラダ　88

レタス

たっぷり野菜のバンバンジー　152
香菜と玉ねぎのベトナム風サラダ　186

れんこん

きのこと根菜のサラダ　32
シャキシャキれんこんサラダ　110
根菜と鶏肉の黒酢サラダ　156

【果物】

アボカド

アボカドとハムとオリーブのサラダ　84
えびとトマトとアボカドのレモンマヨサラダ　166

グレープフルーツ

かにとグレープフルーツのサラダ　82
なすのグレープフルーツサラダ　202

みかん

白菜とみかんのサラダ　40

レモン

せん切りにんじんとレモンのサラダ　52

ホワイトアスパラとほたてのレモンサラダ　76

【肉】

鶏肉

たっぷり野菜のバンバンジー　152
根菜と鶏肉の黒酢サラダ　156
なすと鶏肉のみぞれあえ　164
小松菜とささみとしいたけの塩サラダ　200

ハム・サラミ・ローストビーフ・チャーシュー

オニオンスライスと生ハムのサラダ　74
アボカドとハムとオリーブのサラダ　84
ルッコラとサラミのサラダ　88
サラダほうれん草とローストビーフのサラダ　150
もやしとチャーシューのピリ辛サラダ　210

【魚介】

鰻（蒲焼き）

ひらひらきゅうりと鰻の山椒サラダ　158

えび

えびとブロッコリーのマヨサラダ　62
えびと春雨のエスニックサラダ　154
えびとトマトとアボカドのレモンマヨサラダ　166

かに

かにとグレープフルーツのサラダ　82

さけ

さけフレークとスプラウトのサラダ　86

スモークサーモン

きゃべつとサーモンのミルフィーユ　66

たこ

たことセロリのマリネ　80
海藻ミックスとたこのサラダ　90

ほたて

菜の花とほたてのサラダ　16

【大豆・大豆製品】

厚揚げ
水菜と厚揚げのゆずこしょうサラダ　198

油揚げ
せりとカリカリ油揚げのごまサラダ　114

大豆
ゆで大豆と赤玉ねぎのサラダ　100

豆腐
薬味いっぱいの豆腐サラダ　94
豆と豆腐のヘルシーサラダ　98

【米・卵・チーズ】

米
雑穀米のライスサラダ　118

卵
そら豆とゆで卵のサラダ　24
春のポテトサラダ　170

チーズ
トマトとモッツァレラのイタリアンサラダ　50
フルーツトマトのカップサラダ　72

【乾物・加工食品】

甘栗
かぼちゃと甘栗のきんとんサラダ　174

海藻
海藻ミックスとたこのサラダ　90

切り干し大根
切り干し大根のごまマヨサラダ　104

さきいか
サニーレタスとさきいかの韓国風サラダ　190

桜えび
春菊と桜えびのエスニックサラダ　112

さつま揚げ
いんげんとさつま揚げのサラダ　162

ドライトマト
ドライトマトとオリーブのマリネ 124
春雨
えびと春雨のエスニックサラダ 154
ひじき
ひじきとせん切りじゃがいものサラダ 102
干しぶどう
かぼちゃとレーズンのマヨサラダ 206
わかめ
たけのことうどとわかめのサラダ 18

【缶詰】

スイートコーン
きゃべつとコーンのカレーサラダ 208
ツナ
スナップエンドウとツナのサラダ 160
トマト水煮
なすのトマト煮 140

ほたて
ホワイトアスパラとほたてのレモンサラダ 76
ブロッコリーとほたての中華レンジ蒸し 196
ミックスビーンズ
ミックスビーンズのサラダ 60
豆と豆腐のヘルシーサラダ 98
ヤングコーン
ヤングコーンとアスパラのタイ風サラダ 188

料理お役立ちインデックス

【切り方】

そぎ切り　17
半月切り　29
ゆずの皮のむき方　39
白菜の切り方　41
いちょう切り　53
面取り　81
アボカドの種の取り方　85
短冊切り　109
ねぎのせん切り　113
かぼちゃの切り方　175

【下処理】

トマトの湯むき　21
えびの背わたの取り方　63
豆腐の水きり　95
アスパラガスのはかまの取り方　107
パプリカの皮のむき方　129
セロリの筋の取り方　179

【保存・調理】

きゃべつとスモークサーモンの重ね方　67
乾燥大豆の煮方　101
油揚げのから煎り　115
鶏のから揚げの作り方　165
アボカドの保存の方法　167

青春文庫

3行《ぎょう》レシピでつくる
デパ地下《ちか》サラダ

2008年2月20日　第1刷

著　　者　杵《き》島《じま》直《なお》美《み》

発行者　小澤源太郎

責任編集　株式会社プライム涌光

発行所　株式会社青春出版社

〒162-0056　東京都新宿区若松町12-1

電話 03-3203-2850（編集部）

03-3207-1916（営業部）

振替番号　00190-7-98602

印刷／堀内印刷

製本／豊友社

ISBN 978-4-413-09389-7